하버드생 조우석과 함께 **꿈을 이루는 6일간의 수업**

하버드생 조우석과 함께

꿈을 이루는 6일간의 수업

한ㄹ

행복하게 공부하고 싶은 이 세상 모든 10대들에게

이 책이 나오기까지

이 책 속에 등장하는 이야기는 글쓴이 중 한 사람인 조우석 군이 하버드에 입학하기 전 토요일마다 아이들을 가르쳤던 내용을 바탕으로 하고 있습니다.

조우석 군이 가르친 아이들은 대개 초등학교 5학년에서 중학교 2학년 정도였는데, 가끔은 고등학생들도 수업에 들어오곤 했습니다. 크든 작든 아이들은 오전 10시면 교실로 모여 들었고, 하나둘 책상 앞에 앉아서 수업이 시작되길 기다렸지요.

당시 조우석 군이 아이들에게 가르쳤던 것은 공부에 관한 내용은 아니었습니다. 조우석 군은 그때 행복과 몰입에 대해 깊은 관심을 갖고 있었습니다. 자신이 읽었던 수많은 책(약 1만 권. 조우석 군은 지금도 책을 무척 즐겨 읽습니다)과 여러 매체를 통해 알아낸 과학적 사실(세계 유수 대학의 연구 논문과 실험을 통해 밝혀진 내용들)을 아이들에게 전해주었습니다. 슬프거나 기쁠 때 솔직해지는 법, 주변을 정리하고 좋은 운을 끌어들이는 법, 무언가에 푹 빠져드는 법 등이 포함되어 있었지요.

매주 수업에 참여했던 아이들 가운데는 얌전한 학생만 있었던 건 아니었습니다. 매번 삐딱하게 앉아 낙서만 해대는 아이도 있었고, 수업이 끝날 때까지 눈길 한 번 주지 않는 아이도 있었습니다. 하지만 조우석 군은 자신이 알아낸 것을 충실히 전달했고, 한 주 한 주를 꼭꼭 채워갔지요.

그러던 어느 날이었습니다. 그날 따라 조금 일찍 도착한 조우석 군은 노트북에 작은 영사기를 연결하며 느긋하게 수업 준비를 하고 있었습니다. 그런데 평소엔 10시가 넘어야 오던 한 아이가 쭈뼛대며 교실 문을 들어섰습니다.

"선생님, 안녕하세요……."

"어, 그래, 일찍 왔구나!"

조우석 군은 반갑게 인사를 건넸습니다. 그러고는 수업 준비를 계속했지요. 그런데 아이는 좀처럼 자리에 앉지 않았습니다.

"왜, 선생님한테 하고 싶은 말 있니?"

그 물음에, 아이는 기다렸다는 듯 폭포처럼 말을 쏟아내기 시작했습니다. 처음에 선생님을 보고 나이가 어린 것 같아 실망했던 이야기, 그동안 등 떠밀려 억지로 수업에 들어왔던 이야기, 낯선 이야기에 조금씩 귀를 기울이게 된 이야기, 그러면서도 토요일 아침이 그리 유쾌하진 않았다는 이야기 등. 그리고 마침내 진짜 하고 싶었던 이야기가 나왔습니다.

"선생님, 저 성적이 올랐어요!"

시간이 지나면서, 그 수업을 듣고 학교 성적이 몰라보게 올랐다는 아이들이 자꾸만 생겨나기 시작했습니다. 예상치 못했던 결과에 조우석 군도 아이들도 모두 놀랐습니다. 그 수업은 공부법을 가르치기 위한 것이 아니었기 때문입니다.

그 즈음, 조우석 군이 하버드에 지원하기 위해 본격적인 준비를 해야 할 때가 다가왔습니다. 우리 모두 알다시피, 하버드는 세계 최고의 입학사정 시스템을 갖춘 곳입니다.

그곳의 일원이 되기 위해서는 높은 점수가 기록된 성적증명서와 자신이 그곳에 꼭 필요한 학생이라는 것을 보여주는 자기소개서가 필수지요.

전국 상위 0.2퍼센트의 수능 성적으로 연세대학교 경영학과에 특차 입학하고, 서울대학교 경영대학원에도 합격했던 조우석 군 입장에서도 하버드는 넘기 힘든 산이었고 꿈의 배움터였습니다.

그런데 그 준비를 시작하기에 앞서 조우석 군이 제일 처음 했던 일은 유학 관련 홈페이지를 검색하는 일도, 하버드에 들어간 학생들의 자기소개서를 모은 책을 사는 일도 아니었습니다.

그건 바로 가장 눈에 잘 띄는 곳에 하버드 대학의 사진을 붙여 놓는 것이었습니다. 누군가에겐 엉뚱한 행동처럼 보일지 모르지만, 그때 조우석 군은 어렴풋이나마 깨닫고 있었습니다. 꿈을 크게 이룬 사람들에겐 공통된 통과 의례가 있었다는 사실을 말입니다. 그 첫 번째 단계가 바로 꿈을 '눈앞에 또렷하게 떠올리는 것'이었습니다.

꿈을 이뤄낸 사람들은 하나같이 이런 말들을 합니다.

"언제가 될지는 몰랐지만 전 분명히 알고 있었어요. 결국 제가 꿈을 이룰 거라는 걸 말이에요. 남들은 어떨지 잘 몰라도 제 눈앞엔 훤히 보였어요. 꿈을 이룬 채 환히 웃고 있는 제 모습이요!"

그들은 자신이 이뤄낼 걸 잘 알고 있었기에 힘든 일이 있어도 개의치 않았습니다. 그냥 툭툭 털고 일어나 눈앞에 보이는 곳을 향해 다시 한 걸음씩 나아갔지요. 그 사실을 알고 있던 조우석 군은 하버드에 들어간 자신의 모습을 머릿속에 그리기 위해 사진을 커다랗게 붙여 놓았던 것입니다.

당시 조우석 군이 목표로 했던 곳은 하버드 케네디 스쿨(John F. Kennedy School of Government, Harvard University)이었습니다. 미국의 전 대통령 존 F. 케네디의 이름을 따서 만들어진 이곳은 정치학과 행정학 분야에서 최고 수준의 교육 프로그램을 갖춘 곳입니다.

입학한 뒤 비로소 알게 된 사실이지만, 이곳에 유학 온 학생들 가운데는 한 나라의 대통령이나 장관을 지낸 분들도 수두룩하다고 합니다. 정치와 행정은 나라나 단체를 이끄는 중심이니만큼 그분들의 배움은 자신의 나라에 돌아간 뒤 더욱 값지게 쓰이겠지요.

조우석 군이 하버드의 여러 학교들 가운데 굳이 케네디 스쿨을 고집했던 까닭은 자신이 품고 있던 소중한 꿈에 한 발짝 다가서기 위해서였습니다.

사실 조우석 군의 학창 시절은 매우 고통스러웠습니다. 성적은 상위권이었지만 한 번도 행복한 마음으로 공부해 보지 못했기 때문입니다. 항상 스트레스와 막연한 두려움에 시달렸습니다.

아주 오랜 시간이 지난 뒤 행복한 공부법이 있다는 걸 깨닫게 된 조우석 군은 그 사실을 많은 청소년들에게 알려 주고 싶어했습니다. 그 마음은 학생들이 행복하게 공부하는 터전을 만들고 싶다는 꿈으로 발전했지요. 토요일마다 일부러 시간을 내어 아이들을 가르쳤던 것도 사실은 그 꿈의 소중한 일부였던 것입니다.

외롭게 시작한 지원 준비였지만, 신기하게도 꼭 필요한 곳에 도움을 주시는 분들이 나타났습니다. 당시 조우석 군은 '굿윌*Goodwill*'이라는 세계적인 봉사 단체를 한국에 정착시키는 일에 힘을 쏟고 있었는데, 나중에 하버드에 들어갈 때 그 일을 한 것이 후한 점수를 받는 계기가 되었습니다. 하버드는 머리로만 생각하는 인재보다 세상에 뛰어들어 실천하는 인재를 더 높이 평가하기 때문입니다.

자기소개서를 영문으로 옮기는 힘든 작업을 하면서 조우석 군은 생각했습니다. '그래, 내가 이 꿈을 이루고 나면 앞으로 세상의 많은 학생들에게 행복하게 공부하는 법을 알려 줄 거야. 그게 어떤 방법이든 말이야!'

그리고 몇 달 뒤, 조우석 군은 꿈에도 그리던 합격 통지서를 받았고, 입학 준비에 적잖은 도움을 주었던 김현정 작가와 다시 만났습니다. 그리고 1년 뒤 이 책이 탄생했습니다. 조우석 군의 깨달음이 글을 통해 소중한 이야기로 만들어진 것입니다.

지금 조우석 군은 하버드에서 벅찬 하루하루를 꾸려 가고 있습니다. 전 세계에서 모인 천재들 틈에서 자신의 꿈을 향해 씩씩하게 나아가고 있지요.

유학 생활이 마냥 행복하기만 한 건 아닙니다. 먹는 것도, 입는 것도 모두 혼자 해결해야 하는 가난한 유학생의 삶이 고달플 때도 많습니다. 하지만 조우석 군의 눈앞엔 학생들과 더불어 환하게 웃고 있는 자신의 모습이 보입니다. 그 꿈을 향한 행복한 여정이 이 책 속에 고스란히 담겨 있지요.

공부는 행복한 것이며 빠져드는 것이어야 합니다. 이 책의 마지막 장을 덮을 때, 아이들은 공부의 새로운 세상을 맛보게 될 것입니다. 행복하게 공부하는 방법과 자신의 미래, 그리고 나누는 삶에 대해 깨닫게 되겠지요.

많은 학생들의 가슴속에 날개를 단 고운 꿈이 소중한 빛깔로 간직되길 바라 마지않습니다.

글쓴이 조우석, 김현정

개정판을 내며

하버드 케네디 스쿨의 학생들에겐 가끔 특별한 기회가 주어집니다. 바로 입학사정위원회의 일원이 되어 신입생 선발에 참여하는 것입니다.

조우석 군은 외국인 학생으로는 드물게 그 자격을 얻어 지원자의 서류를 검토하고 선발에 관여할 수 있는 기회를 얻었습니다. 이 일을 끝마친 뒤 조우석 군은 다시 한 번 깨달았습니다. 하버드는 여정의 끝이 아닌 새로운 시작이라는 걸 말입니다.

세계 각국에서 날아든 수많은 지원 서류를 검토해 합격자를 가려내는 기준은 의외로 매우 명확합니다. 그건 바로, '지금껏 이 사람이 사회에 공헌하는 삶을 살아왔는가?', '이 사람이 장차 자신이 배운 바를 사회를 위해 쓸 수 있는가?'하는 것입니다. 즉, 케네디 스쿨이 원하는 인재는 혼자 똑똑한 천재가 아닌, '더 나은 세상을 위해 기꺼이 나설 수 있는 사람'인 것입니다.

조우석 군이 하버드에 벅찬 마음으로 입학한 뒤 마주친 가장 큰 어려움도 여기에서 비롯되었습니다. 강의실에 모여 있는 교수님과 학생들이 치열한 공방을 벌이며 열띤 토론을 이어나가는 수업 방식에 쉽게 익숙해지지 않았던 것입니다. 상대를 말로 설득하기 위해서는 스스로 확신을 가져야 합니다. 그런 후에 비로소 자신 있게 토론에 나설 수 있지요.

낯선 방식에 적응하기 위해 조우석 군은 수업 준비에 많은 시간을 할애했습니다. 그러면서 조금씩 입을 뗄 수 있었고, 나중엔 교수님을 설득하는 짜릿함을 맛보기도 했습니다. 그런 경험이 반복되면서 조우석 군은 깨달았습니다. 세상을 바꾸는 힘은 한 사람의 올바른 확신에서 비롯된다는 사실을요.

케네디 스쿨은 타인과의 부딪침을 통해 옳고 그름을 분별하는 힘을 기를 수 있으며, 그 깨달음으로 세상을 좀 더 나은 방향으로 변화시킬 수 있다는 사실을 학생들에게 심어주고 있었습니다. 그것은 곧 자신감으로 연결됩니다.

자신감은 안에서 우러나는 것이지 밖에서 심어 줄 수 있는 것이 아닙니다. 녹록치 않은 수업 과정을 거치며 조우석 군은 예전보다 훨씬 단단해졌고, 조금 더 지혜로워졌습니다. 그리고 꿈에 한 발짝 더 다가선 자신의 모습을 발견할 수 있었습니다.

조우석 군은 지금도 자신의 꿈을 머릿속에 선명하게 그리며 살아갑니다. 아침 일찍 회의실에 들어설 때도, 직원들과 대화를 주고받을 때도, 좋아하는 책을 읽어 내려갈 때도 말이지요. 행복한 교육 시스템을 만들고 싶다는 그 소망은 여전히 진행 중에 있습니다.

이 책이 세상에 나온 지 벌써 8년이 되었습니다.

그동안은 여러 모로 고마움이 쌓여 가는 시간이었습니다. 수많은 분들이 이 책을 읽어 주셨고, 짧고 긴 글로 고마움을 표시해 주셨습니다. 때론 출판사로 직접 전화를 걸어 "이 책을 읽고 우리 아이가 너무 많이 바뀌었어요. 성적도 몰라보게 올랐고요. 고마움을 어떻게든 표현하고 싶어 이렇게 연락을 드립니다."하시는 분도 계셨습니다.

이 자리를 빌려 그분들 모두에게 마음 깊은 감사를 전합니다.

변화의 시작은 내 안에 있습니다. 이 책이 작은 촉매가 될 수는 있지만, 인생을 바꾼 건 결국 스스로의 마음입니다.

이 책과의 만남을 소중히 여기고 인생을 옳은 방향으로 이끌어 주신 여러분들이 자기 자신에게 진심 어린 칭찬의 말을 건넸으면 좋겠습니다.

"정말 잘했어요, 토닥토닥."하고요.

앞으로도 스스로를 칭찬할 이들이 점점 더 많아지길 바라봅니다.

조우석, 김현정

■ CONTENTS

· *Chapter 01* ·

행복한 마음으로 책상 앞에 앉는 법

"자신에게 중요한 1퍼센트를 찾으면
그 다음은 저절로 따라오는 법이야.
그러면 행복한 마음으로 책상 앞에 앉을 수 있지."

행복한 마음으로 책상 앞에 앉는 법

하버드 형을 만나다

"너 그 얘기 들었어? 저 집 형이 이번에 하버드에 갔대."

"하버드? 미국에 있는 대학교 말이야?"

"맞아, 진짜 유명한 데래. 그런데 우리 형이 그 얘길 듣고
좀 신기해하더라고."

"너네 형이? 왜?"

"그 형이랑 우리 형이 중학교 때 같은 반이었는데 처음엔

그렇게 공부를 잘 하는 편이 아니었대."

"정말?"

"응. 근데 언제라더라……, 방학을 한번 보내고 와서 성적이 쑥 올랐다지 뭐야. 갑자기 사람이 바뀐 것처럼 공부에 빠져들더래."

"진짜? 밤에 잠 안 자고 공부하는 법이라도 배웠나?"

"에이, 설마……. 아, 우리 형이 예전에 한번 그 형한테 물어보긴 했대. 도대체 잠을 몇 시에 자느냐고 말이야. 그랬더니, 특별히 정해둔 시간은 없다면서 그냥 공부가 재미있다고 하더래."

"공부가 재미있다고? 그게 말이 되냐?"

"희한하지? 어쨌든, 그 형 참 대단하지 않냐?"

"그래, 부럽다……."

거기까지 말을 한 뒤, 난 입을 다물었다. 아무리 부러워해도 나와는 아무 상관없는 일이라는 걸 잘 알고 있었기 때문이었다.

그날 밤, 나는 내 방 창문을 열고 그 집을 가만히 쳐다보았다. 그 형 방이 정확히 어딘지는 몰라도 세 집 건너에 그런 형이 산다는 게 좀 신기했다. 유난히 큰 창문이 달린 꼭대기 방을 바라보면서, 나는 생각했다.

'저런 사람은 대체 어떻게 공부할까? 한 번 만나서 이야기라도 들어봤으면 좋겠다.'

잠시 후 나는 창문을 닫았다. 그 소원이 몇 달 후에 정말로 이루어지리라고는 생각조차 못한 채 말이다.

✳

"앉아도 되니?"

문득 들려온 목소리에 난 화들짝 놀라서 고개를 들었다. 눈앞에 대학생 정도 되어 보이는 형이 싱긋 웃으며 서 있었다. 학원이 막 끝난 무렵이라 버스 정류장의 좁다란 의자에는 자리가 별로 없었다.

내가 성의 없이 고개를 끄덕이자, 그 형은 바로 내 옆자리에 앉았다. 내가 다시 단어장을 보고 있는데, 그 형이 가방을 뒤적이다가 무언가를 툭 하고 떨어뜨렸다. 마침 내 발밑으로 떨어져서 나는 느릿느릿 허리를 굽혀 그걸 주워 들었다. 얼핏 보니 낡아빠진 수첩 같았다. 가운데 부분에 가죽끈까지 동여매어 있어서 더 촌스럽게 보였다.

"여기요."

내가 무뚝뚝하게 수첩을 건네자, 그 형이 몹시 미안해하며 말했다.

"고마워. 혹시 존에 빠져 있었던 건 아니지? 내가 방해했다면 정말 미안해."

분명히 우리말로 한 이야기인데, 무슨 말인지 알아들을 수가 없었다. 내 표정이 멍해 보였는지 그 형이 빙그레 웃으며 덧붙였다.

"아니면 마중물을 붓는 중이었니? 어쨌든 정말 고마워."

그 형은 수첩에 묻은 먼지를 조심스레 털어낸 뒤 가방 속에 넣었다. 그러고는 책 한 권을 꺼내 무릎 위에 올려놓고 보기 시작했다.

'어, 글씨가 온통 영어로 되어 있잖아?'

얼굴을 슬쩍 보니, 놀랍게도 빙그레 웃으며 책을 보고 있었다. 마치 재미있는 만화라도 보는 듯이 말이다.

'별난 사람이네.'

나는 고개를 돌려 차가 오는 방향을 보았다. 마침 내가 타야 할 버스가 오고 있었다. 나는 단어장을 덮고 자리에서 일어나 웅성대는 아이들 틈에 끼어들었다. 잠시 후, 내가 탄 버스가 출발했다.

정류장을 몇 개쯤 지나고 나니 빈자리가 하나둘 생기기 시작했다. 나는 운 좋게 자리를 잡았다. 편하게 앉아 있으려니 졸음이 밀려왔다. 그때였다.

"피곤한가 보구나. 중학생이니?"

귀에 익은 목소리에 퍼뜩 눈을 떠 보니, 아까 그 형이 나를 보며 미소를 짓고 있었다.

'어? 저 사람이 왜 여기 있지?'

갑자기 경계심이 밀려왔다. 아까 정류장에서 만난 건 우연이라 쳐도 집에 가는 버스 안에서 또 마주친 건 그다지 유쾌하지 않았다.

내가 아무 대답도 않자, 그 형도 더 이상 묻지 않았다. 조금 뒤, 내가 내려야 할 정류장에 버스가 섰다.

나는 얼른 내려서 집 쪽으로 걸어갔다. 한창 걷고 있는데 뒤쪽에서 발소리가 들렸다. 뒤를 돌아보니, 그 형이 따라오고 있었다. 나는 버럭 소리쳤다.

"왜 자꾸 쫓아오는 거예요?"

그러자 그 형이 어쩔 줄 몰라 하며 말했다.

"저기, 우리 집도 이쪽인데……."

나는 얼굴이 새빨개졌다. 알고 보니, 그 형은 우리 집에서 세 집 건너에 살고 있었다.

'저렇게 가까운 데 사는데 왜 본 적이 없지?'

우리 집 대문을 열다가 슬며시 고개를 빼고 그 집을 보았다. 하필 초인종을 누르던 그 형과 눈이 딱 마주쳤다. 형이 갑자기 손을 흔들었다.

"만나서 반가워. 다음에 또 보자!"

무안해진 나는 얼른 집으로 들어갔다. 저런 사람과 마주칠 일이 또 생길 리 없을 거라 생각하면서 말이다.

✳

"어휴, 왜 그러세요. 난 안 간다니까요!"

"잔말 말고 따라와. 이런 기회가 어디 흔한 줄 알아?"

나는 엄마 손에 이끌려 무작정 그 집에 다다랐다.

"딩동!"

엄마가 초인종을 눌렀다.

"누구세요?"

"네, 파란 대문 집이에요. 일전에 말씀 드린 것 있지요? 지금 저희 아이도 함께 왔어요."

문이 열리자, 엄마가 나를 데리고 안으로 들어갔다. 그 집 아주머니가 현관 앞에서 우리를 기다리고 계셨다.

"어서 오세요. 마침 저희 아들도 집에 있어요."

"어머, 다행이에요. 너, 아주머니께 인사 안 드리니?"

"안녕하세요."

내가 고개를 숙이자, 아주머니가 말씀하셨다.

"그래, 벌써 이렇게 컸구나. 예전에도 똑똑해 보이더니, 지금은 훨씬 더 훌륭해 보이는 걸."

엄마가 금세 그 말을 가로챘다.

"어휴, 그런 말씀 마세요. 얘가 요즘 얼마나 성적이 떨어졌는지……. 도무지 방법이 없어요. 그래서 말인데요……, 이 집 학생한테 우리 애 공부 좀 봐달라고 하면 안 될까요? 딱 한 번이라도 좋아요. 사실, 하버드생 지도를 받는다는 게 어디 쉬운가요?"

"안 그래도 방학이라 당분간은 집에 머무를 거라고 했어요. 어제 이야기를 했더니 한번 만나보고 싶다고 하더라고요. 그래서 오시라고 한 거예요. 아이들이 이야기를 나눌 동안, 여기서 차 한 잔 드시겠어요?"

아주머니는 미리 마련해 둔 찻상 앞으로 엄마를 모시며 나에게 말씀하셨다.

"형 방은 위층에 있단다. 올라가면 만날 수 있을 거야."

나는 계단 쪽으로 몸을 돌렸다.

1퍼센트의 힘이 즐거운 노력을 이끈다

계단은 생각보다 길었다. 끝까지 다 올라가니 방 하나가 나타났다. 나는 문을 똑똑 두드렸다.

"네!"

목소리와 함께 안쪽에서 문이 벌컥 열렸다. 나는 얼른 고개를 숙였다.

"안녕하세요."

"아, 너구나! 또 만났네. 반갑다."

버스 정류장에서 만났던 형이 문 앞에 서 있었다. 어쩔 줄 몰라 하는 내게 그 형이 말했다.

"들어와. 생각보단 괜찮을 거야."

나는 머뭇거리며 방 안으로 들어갔다. 그 순간, 생전 처음 보는 다락방의 풍경이 나를 사로잡았다.

크지도 작지도 않은 방의 천장은 지붕의 모양처럼 세모났다. 방 한쪽 벽은 커다란 창으로 되어 있었는데, 동네 풍경이 한눈에 들어왔다. 창과 맞닿은 한쪽 벽은 온통 책으로 가득 차 있었고, 창 맞은 쪽 벽에는 침대가 바짝 붙어 있었다.

방 한가운데엔 두껍고 폭신한 깔개가 놓여 있고, 그 위에 낮은 탁자가 있었다. 서로 마주앉기에 딱 좋은 크기였다. 창문으로 햇빛이 들어와서 실내가 온통 환했다.

"뭐 좀 마실래?"

형은 침대 발치에 놓인 작은 냉장고를 열어 생수 두 병을 꺼내 하나를 건네주었다. 뚜껑을 열고 시원한 물을 마시다가, 나는 문득 신기한 것을 발견했다. 침대 옆쪽 벽에 커다란 그림이 붙어 있었던 것이다. 자세히 보니, 고풍스러운 건물 그림을 배경으로 밝게 웃는 형의 사진이 붙어 있었다. 지금보다 훨씬 어려 보였다. 그리고 그림 아래쪽에는 이런 말이 쓰여 있었다.

나는 하버드생이다!

침대 위쪽 천장엔 자주색 하버드 깃발과 종이 두 장이 붙어 있었는데, 깃발은 손으로 직접 그린 것이었다. 종이 각각엔 이런 말이 쓰여 있었다.

자, 일이 재미있게 되어 가는군.
난 참 운이 좋아!

커다란 그림과 종이는 붙여 놓은 지 벌써 몇 년은 지난 듯 끝이 너덜거렸고, 색깔도 꽤 바래 있었다. 신기한 곳에 온 기분이었다. 그 방의 공기가 뭔가 색다른 표정으로 넘실거리는 느낌이었다.

그런 내 기분을 알아챘는지, 형은 빙그레 웃으며 나를 보았다. 처음 볼 땐 잘 몰랐는데, 사람의 마음을 따뜻하게 만들어 주는 미소였다. 웃는 모습이 아주머니와 많이 닮았다고 생각했다.

"에디슨에 대해 아니?"

형이 뜬금없이 이런 말을 꺼내는 바람에 나는 금세 생각에서 깨어났다. 생수 통을 입에서 떼고 내가 대답했다.

"발명왕 말인가요?"

나는 은근히 기분이 나빠졌다. 성적이 별로 좋은 편은 아니지만 에디슨을 모를 리 없었다. 형이 또 물었다.

"그럼, 에디슨의 1퍼센트에 대해서는?"

그 순간 머릿속에 유명한 격언이 스쳐 지나갔다. 나는 재빨리 대답했다.

"천재는 1퍼센트의 영감과 99퍼센트의 노력으로 이루어진다!"

그러자 형이 고개를 끄덕였다.

"잘 아는구나. 그럼 그 뜻이 무엇인지도 알겠네?"

"무엇이든 끊임없이 노력해야 성공할 수 있다는 뜻 아닌

가요?"

나는 기분이 우쭐해졌다. 이제 형도 나를 무시하지 못할 것이다.

"네 말이 맞아. '필라멘트'라는 거 알고 있지? 둥그런 전구 속에서 밝게 빛을 내는 가늘고 꼬불꼬불한 부분 말이야. 에디슨이 그 필라멘트를 만들 때 자그마치 1만 번이나 실험을 했다고 해. 그런 노력이 없었다면, 전구라는 대단한 발명품은 이 세상에 태어나지 못했을 거야. 그게 바로 '노력'이라는 99퍼센트의 힘이겠지. 그럼 나머지 1퍼센트는 뭐라고 했었지?"

'영감'이라고 자신 있게 말하려다가 나는 잠깐 말을 멈췄다. 그 단어의 뜻이 무엇인지 잘 모른다는 걸 깨달았기 때문이었다. 나는 솔직하게 대답했다.

"영감이요. 그런데 뜻을 정확하게 모르겠어요."

"창조적이고 기발한 생각을 영감이라고 해. 보통 반짝 하고 머릿속에 스쳐 가지. 일이나 공부를 즐겁게 하는 사람에겐 자주 영감이 떠오른대. 에디슨이 대표적인 예야."

"에디슨이요?"

"응, 잠깐만. 어디에 있더라?"

형이 갑자기 낡은 수첩을 펼쳤다. 얼마 전 버스 정류장에서 형이 떨어뜨린 그 수첩이었다.

"아, 여기 있다!"

형이 한 곳을 가리켰다. 거기엔 이런 글귀가 쓰여 있었다.

"항상 모든 일에서 재미를 찾으세요.

저는 실험할 때 놀이를 한다고 생각합니다.

책을 읽을 때도, 일을 할 때도 마찬가지입니다.

여러분도 그렇게 살아 보세요.

숙제도, 공부도, 회사 일도 모두 놀이라고 생각해 보세요.

그러면 항상 행복하게 살 수 있답니다."

– 토머스 에디슨

"이게 에디슨이 한 말이에요?"

"맞아, 에디슨이 남긴 말이야. 이 말처럼 에디슨은 늘 즐겁게 일했어. 덕분에 많은 영감이 에디슨을 찾아왔지."

형은 글귀 아래쪽을 가리켰다.

"여기 '1093'이라는 숫자가 보이지? 에디슨의 특허 개수야. 보통은 평생에 한 번 받기도 힘든데 말이야."

내가 그 숫자를 가만히 바라보자, 형이 웃으며 말을 이어 갔다.

"반짝하고 떠오른 훌륭한 생각 덕분에 에디슨은 '즐겁게' 노력할 수 있었어. 1퍼센트가 나머지 99퍼센트를 이끈 거지. 아무리 캄캄한 밤이라도 등대 불빛이 환하면, 그쪽을 향해 노를 저어갈 수 있는 것처럼 말이야!"

✳

"공부도 마찬가지야."

그 말에 나는 귀가 솔깃해졌다.

"자신에게 중요한 1퍼센트를 찾으면, 그 다음은 저절로 따라오는 법이야. 그러면 행복한 마음으로 책상 앞에 앉을 수 있지."

"행복한 마음으로요?"

공부와 행복이라니, 전혀 어울리지 않는 말 같았다. 그런 내 마음을 알아챘는지 형이 말했다.

"아직은 별로 와닿지 않을 거야. 나도 그랬으니까. 참, '하버드'라는 말을 들으면 어떤 것들이 떠오르니?"

난 좀 뜨악한 표정으로 형을 보았다. 너무 뻔한 질문이라는 생각이 들었다.

"엄청나게 공부 잘하는 사람들, 뭔가 특별한 학생들, 천재, 수재, 뭐 그런 거요."

"맞아, 어느 정도는 그 말이 맞을 거야. 그런데 그런 학교에서 요즘 제일 인기 있는 수업이 무엇인 줄 아니?"

나는 고개를 저으며 법학이나 의학 같은 것을 어렴풋이 떠올렸다. 예전에 어디에선가 하버드 대학이 그런 걸로 유명하다는 이야기를 들어 본 것 같았다. 그러자 형이 빙그레 웃었다.

"그건 바로 행복학이야. 학기 초가 되면 학생들이 온통 난리법석이야. 그 수업을 신청하려고 말이야."

"행복학이요? 그게 뭔데요?"

형은 대답 대신 천장에 붙어 있는 깃발을 가리켰다.

"저 깃발에 새겨진 무늬를 한번 봐 볼래? 저게 바로 학교의 상징이야."

나는 깃발을 바라보며 형의 말을 들었다.

"무늬 가운데 있는 'VERITAS'라는 말은 라틴어로 '진리'란 뜻이야. 매년 전 세계의 수많은 학생들이 진리와 명성을 좇아 하버드로 몰려들고, 그 가운데 소수의 학생들만이 좁은 관문을 통과해 입학의 영광을 얻게 돼. 하지만 기쁨은 잠시고, 얼마 지나지 않아 학교 생활이 만만치 않다는 걸 깨닫게 되지."

"왜요? 영어가 힘들어서요?"

"맞아, 그 이유도 있어. 게다가 수업도 많고, 해야 할 숙제도 산더미지. 하지만 가장 힘든 건 학생들 간의 보이지 않는 경쟁일 거야. 워낙 열성적인 사람들이 모여 있다 보니 성적 때문에 스트레스를 받아 울음을 터뜨리는 건 흔한 경우고, 자신보다 뛰어난 학생들 때문에 열등감에 휩싸이기도 해. 때론 자신감을 잃고 우울증에 걸리기도 하지."

"네? 그게 정말이에요?"

형은 고개를 끄덕였다.

"응, 정말이야. 하버드에 다닌다는 이유만으로 행복이 자신의 것이라 믿던 학생들은 뒤늦게 그게 아니라는 걸 깨닫고 행복학의 문을 두드리는 거야. 지푸라기라도 잡는 심정으로 말이야."

난 좀 얼떨떨했다. 하버드에 다니는 사람들이 공부 때문에 고민을 한다는 것도 의외였고, '행복'이라는 말이 들어간 수업도 낯설었다.

"저……, 그 수업에서 뭘 배우는데요?"

"지금보다 좀 더 행복해질 수 있는 방법을 배우는 거야. '하루에 8시간 이상 잠자고 오기', '다른 사람에게 친절 베풀기' 같은 숙제를 내주기도 하지. 어느 땐 강의실 불을 꺼놓고 명상을 하기도 하고, TV에서 방영된 인기 드라마를 틀어주기도 해."

형의 말을 듣고 있자니, 문득 즐거운 상상이 떠올랐다. 교실에서 선생님이 커다란 TV 화면을 가리키며, "얘들아, 오늘은 드라마를 볼 테니 주인공이 얼마나 행복한지 잘 봐두렴."하고 말하는 장면을 말이다. 나도 모르게 슬그머니 웃고 있는데, 형의 목소리가 들려왔다.

"흔히들 공부를 잘하면 행복할 거라고 생각하지만, 사실은 그 반대야. 공부가 행복을 이끄는 게 아니라, 행복이 공부를 이끄는 거거든. 그걸 깨닫는 게 공부를 잘하는 첫걸음이야. 바로 공부의 1퍼센트지. 그런데 행복을 찾는 방법은 의외로 가까운 곳에 있어."

말을 마친 형은 다시 깃발 아래 붙어 있는 낡은 종이 두 장을 가리켰다.

운이 좋다고 믿으면 좋은 일이 생긴다

"저 글은 내가 몇 년 전에 써 붙여 놓은 거야. '자, 일이 재미있게 되어 가는군'이라는 건 사이토 히토리의 말이고, '난 참 운이 좋아'는 마쓰시다 고노스케가 한 말이지."

나는 고개를 들어 그 종이를 보았다. 형이 물었다.

"저 두 가지 말 가운데 뭐가 더 마음에 드니?"

나는 잠시 두 종이를 번갈아 본 후 대답했다.

"난 참 운이 좋다요. 이유는……, 잘 모르겠어요."

"그럼, 오늘은 그 이야기를 들려줄게."

형은 낡은 수첩을 펼쳐서 그 속에 붙여 놓은 사진 한 장을 보여 주었다. 굵은 테 안경에 양복을 깔끔하게 차려 입은 할아버지가 활짝 웃고 있었다.

"이분이 바로 마쓰시다 고노스케야."

사진 속의 할아버지를 가리키며 형이 말했다. 그러고는 수첩을 나에게 건네주었다. 들여다보니 사진이 붙어 있는 페이지 옆에 짧은 이야기가 또박또박 쓰여 있었다. 나는 읽기 시작했다.

일본 최고의 기업가, 마쓰시다 고노스케

마쓰시다 고노스케는 일본 최고의 기업가로, 파나소닉을 창립한 분이다. 고노스케 회장님에겐 입버릇이 있었는데, 틈날 때마다 이렇게 말하곤 했다.

"난 참 운이 좋다. 그래서 뭘 하든 잘 될 것이다."

그러던 어느 날, 고노스케 회장님이 교통사고를 당했다. 부러진 다리를 동여매고 침대에 앉아 있는데, 손님이 찾아왔다.

"아이고, 어쩌다 이렇게 되셨습니까? 참 운이 없었습니다, 그렇지요?"

그러자 회장님이 빙그레 웃으며 말했다.

"하하, 무슨 말씀을. 저만큼 운 좋은 사람이 또 어디 있겠습니까? 교통사고를 당하고도 이렇게 멀쩡히 살아 있다니, 전 진심으로 감사해하고 있답니다!"

고노스케 회장님은 직원을 뽑을 때 꼭 이렇게 물었다고 한다.

"어떤가, 자네는 스스로를 운이 좋은 사람이라고 생각하는가?"

"네!"라고 대답하면 그 사람을 뽑았지만, "아니요"라고 대답하면 아무리 뛰어난 인재라도 뽑지 않았다.

과연 그 이유는 무엇이었을까?

고노스케 회장님은 이렇게 말했다고 한다.

"운이 좋다고 생각하는 사람들의 마음속에는 '어차피 잘될 거야'라는 느긋함이 숨어 있습니다. 느긋함은 두려움을 이기고, 마음을 편안하게 만들지요. 그리고 그런 사람들은 매사에 감사해 합니다. '이 일이 잘 풀리는 건, 모두 운이 좋은 탓이야'라고 생각하기 때문입니다. 이런 사람에겐 기쁨과 행복이 항상 찾아옵니다. 손 안에 행복의 열쇠를 쥐고 있는 것과 마찬가지랍니다."

내가 다 읽고 나자 형이 장난스럽게 물었다.

"어떤가, 자네는 스스로를 운이 좋은 사람이라고 생각하는가?"

평소 같으면 고개를 절레절레 흔들었겠지만, 오늘은 얼른 자신 있게 대답했다.

"네!"

그러자 형이 칭찬해 주었다.

"그래, 잘 했어. 이야기를 눈여겨보았구나. 교통사고가 난 건 불행한 일이지만, 그 와중에 살아난 건 운 좋은 일이야. 자신이 처한 상황에서 한 가지라도 운 좋은 일을 찾아 낼 수 있다면 쉽게 행복해질 수 있지. 자, 오늘 수업은 이걸로 끝이야."

"네? 수업이라고요?"

나는 당황했다. 수학 문제를 풀고 영어 단어를 외우는 것만이 수업이라고 생각했기 때문이었다.

✳

형의 뒤를 따라 계단을 내려오니, 거실에서 이야기를 나누고 있던 엄마가 나를 보며 들뜬 목소리로 물었다.

"여태까지 형이랑 이야기를 나눈 거니?"

거실 벽에 매달린 시계를 보니, 어느새 한 시간이나 지나 있었다. 엄마와 함께 현관문을 나서는데, 형이 문 앞까지 따라 나와 인사를 건넸다.

"잘 가. 다음 수업은 네가 편할 때 하자. 자, 이건 오늘 숙제야."

형이 나에게 건넨 것은 곱게 접힌 종이였다.

그 자리에서 펼쳐 보려다가, 엄마의 호기심 어린 눈빛을 보고 그냥 주머니에 쑤셔 넣었다. 그러고는 아주머니께 인사를 드렸다.

"감사합니다. 안녕히 계세요."

"그래, 잘 가거라. 어머니께 번호를 알려 드렸으니, 다음에 오고 싶을 때 전화하렴."

형의 인사를 받으며 엄마는 무척 흡족한 표정을 지었다.

우리 집에 다 왔을 때, 엄마가 말했다.

"호호, 그 학생, 예의도 무척 바르더구나!"

방으로 들어온 나는 주머니에서 얼른 종이를 꺼냈다. '무슨 숙제일까?' 궁금해 하며 펼쳐 보니, 그리 크지 않은 종이에 적힌 가지런한 글씨가 한눈에 들어왔다. 형이 손으로 직접 쓴 모양이었다.

나는 형이 쓴 글을 읽은 뒤 볼펜을 꺼내 들었다. 하지만 금방 샤프펜슬로 바꿨다. 왠지 틀린 글씨를 지워가며 정성껏 숙제를 해야 할 것 같다는 생각이 들었기 때문이었다.

🐱 오늘의 숙제

안녕! 첫 번째 수업을 함께해서 즐거웠어. 너처럼 좋은 학생을 만나다니, 난 참 운이 좋아!

오늘의 숙제는 바로 이거야. 즐거운 마음으로 해 줄 거지?

오늘부터 닷새 동안, 하루에 세 가지씩 '운이 좋았던 일'을 써 보도록해. 세 가지가 넘는다면, 더 써넣어도 좋아.

• 오늘 운이 좋았던 일에는 어떤 것이 있나요?

월 일 요일	• • •
월 일 요일	• • •
월 일 요일	• • •
월 일 요일	• • •
월 일 요일	• • •

· *Chapter 02* ·

힘들이지 않고 공부하는 법

"나도 예전엔 그렇게 믿었어.
성적이 오르지 않는 건 내 의지가 약한 탓이라고 말이야.
하지만 그건 틀린 말이었어."

힘들이지 않고 공부하는 법

20분 만에 테니스를 배우다

내가 두 번째로 그 집을 찾아갔을 땐, 거실이 텅 비어 있었다. 하지만 대문이랑 현관문이 살짝 열려 있는 걸 보니 내가 온다는 전화를 받고 아주머니가 외출하시며 그렇게 해 놓으신 모양이었다.

계단을 올라가 다락방 문을 두드렸더니, 안쪽에서 형의 목소리가 들렸다.

"응, 들어와."

문을 열고 들어가니, 형은 방금까지 보던 책에 책갈피로 표시를 하고 있었다. 낮은 탁자 위에 책을 놓으며 형이 말했다.

"안녕, 잘 지냈니?"

"네."

나는 짧게 인사한 뒤 얼른 종이를 꺼냈다. 형은 기쁜 표정으로 숙제를 받더니, 꼼꼼하게 한 줄 한 줄 읽었다. 그러고는 환히 웃었다.

"와, 정말 잘 썼다. 마지막 세 가지는 특히 기발한 걸."

이 말에, 나는 금세 기분이 좋아졌다. 매일 무언가를 써넣어야 한다는 게 조금 귀찮았는데, 그런 말을 들으니 뿌듯했다. 형이 내 머리를 쓰다듬어 주며 말했다.

"숙제를 잘해 왔으니 상으로 재미있는 걸 보여 줄게."

그러고는 고개를 숙이더니, 낮은 탁자 아래에서 노트북 컴퓨터를 꺼냈다. 컴퓨터의 전원을 켜며 형이 물었다.

"혹시 테니스 칠 줄 아니?"

"테니스요?"

나는 동네 어귀에 있는 작은 테니스장을 떠올렸다. 예전에 아빠를 따라 가 본 적이 있었다.

"테니스장에 두어 번 가 보긴 했지만, 딱히 칠 줄 아는 건 아니에요."

내가 우물거리며 대답하자 형이 특유의 따뜻한 미소를 지어 보였다.

"나도 마찬가지야. 학교에서 시합할 때 공을 자꾸 놓쳐서 친구들이 놀리곤 해. 그럼, 초보자가 테니스를 제대로 배우는 데 시간이 얼마나 걸릴까?"

나는 아빠가 했던 이야기를 떠올렸다. 내가 공을 쫓아 이리저리 뛰어다니는 걸 보더니, 테니스는 적어도 몇 달은 꾸준히 배워야 한다고 말했던 것이다.

"두 달은 배워야 하지 않을까요? 아니면 세 달?"

그러자 형이 싱긋 웃었다.

"맞아, 나도 그렇게 생각했어. 그런데 20분 만에 테니스를 배운 사람이 있어."

"네? 겨우 20분이요?"

내가 말도 안 된다는 표정을 지어 보이자, 형이 빙그레 웃으며 컴퓨터 바탕화면에 있는 파일 하나를 열었다.

"한번 봐. 제목은 '몰리 아줌마의 테니스'야."

나는 미심쩍은 눈으로 컴퓨터 화면을 들여다보았다.

※

동영상의 배경은 깔끔한 테니스장. 화면에 아주머니 한 분이 등장했다. 바로 주인공인 몰리 아줌마였다. 테니스장에 어울리지 않는 차림새 하며, 꽤나 뚱뚱한 몸매를 보니 운동과는 거리가 먼 사람 같았다.

몰리 아줌마 뒤쪽에서 테니스 코치가 등장했다. 인상이 무척 좋아 보였다. 그 사람이 환한 표정으로 아줌마에게 말했다.

"몰리, 반가워요. 이제부터 나와 함께 테니스를 배워 보도록 해요."

그러고는 맞은편을 가리켰다.

"저쪽에 한 사람이 서 있는 게 보이죠? 저 사람이 라켓으로 공을 쳐서 나한테 보낼 거예요. 그 공이 날아와서 땅에 부딪힌 뒤 튀어 오르면 내가 받아칠게요. 그럼 당신은 공을 보고 있다가 이렇게만 말하세요. 공이 튀어 오르면 '튄다', 내가 그 공을 치면 '친다'라고요!"

몰리 아줌마는 고개를 끄덕이며 테니스장 한쪽으로 물러났다. 그러고는 코치가 치는 공을 유심히 바라보면서 '튄다' 혹은 '친다'라고 말했다. 몇 분 뒤, 코치가 외쳤다.

"몰리, 이제 이리로 와서 공을 한번 쳐 봐요!"

그 말에 아줌마는 잔뜩 긴장한 표정을 지어 보였다. 기본자세는 고사하고, 라켓을 쥐는 법조차 배우지 못했으니 그럴 만도 했다. 하지만 코치는 아무렇지도 않은 듯 태연하게 말했다.

"걱정 말아요. 내가 하는 걸 잘 봤지요? 공이 튀는 모습과 공을 치는 모습을 머릿속에 떠올리세요. 그런 다음 '튄다', '친다'라고 말하면서 하면 돼요."

아줌마는 조심스럽게 가운데로 걸어갔다. 얼굴엔 긴장감이 가득했다.

공이 날아오고 아줌마는 라켓을 휘둘렀지만 헛손질이었다. 그러자 코치가 활짝 웃는 얼굴로 쾌활하게 말했다.

"괜찮아요. 마음 편히 먹고 날아오는 공을 봐요. 기억나

죠? 튄다, 친다! 당신의 몸이 알아서 움직여 줄 거예요."

아줌마는 다시 공을 보고 조금씩 몸을 움직였다. 그런데 잠시 뒤, 놀라운 일이 일어났다. 공이 라켓에 조금씩 맞기 시작하더니, 몰리 아줌마가 공을 치기 시작한 것이다!

자세는 조금 어색했지만, 아줌마는 신이 나는 모양이었다. 공을 따라다니며 요리조리 팔을 휘둘렀다. 움직임에 점점 자신감이 붙더니, 슬쩍슬쩍 치는 데도 공이 잘 맞았다.

그 장면을 보고 난 잠깐 생각했다.

'맞은편에 있는 사람이 몰리 아줌마 앞으로 공을 정확하게 줘서 받아치기 쉬운 것 아닐까?'

하지만 곧 고개를 저었다. 예전에 아빠와 테니스를 할 때, 바로 내 앞에 공이 떨어져도 쉽사리 받아넘기지 못했던 기억이 떠올랐기 때문이었다.

곧이어 몰리 아줌마는 자신의 왼쪽으로 공이 날아올 때 몸을 살짝 돌려서 치는 방법과 공을 높이 띄워서 툭 하고 멀리 쳐 내는 방법까지 모두 배웠다. 그러고는 코치와 테니스 게임을 하기 시작했다. 겨우 20분 만에 말이다!

몰리 아줌마의 상기된 목소리가 화면에서 흘러나왔다.

"진짜 즐거워요. 테니스가 이렇게 재미있다니! 생전 처음 배우는 데도 하나도 어렵지 않아요. 내가 이렇게 잘 하게 될 줄 정말 몰랐어요. 몸이 저절로 움직이는 느낌이에요!"

어색한 표정으로 엉거주춤 서 있던 20분 전의 모습은 어디에서도 발견할 수 없었다. 지금 내 눈 앞엔, 사뿐사뿐 공을 치는 즐거운 몰리 아줌마가 있을 뿐이었다!

그 영상은 나를 감동시키기에 충분했다. 몰리 아줌마가 공을 멋지게 쳐 낸 뒤 깡충깡충 뛰면서 즐거워하는 걸 보고, 나까지 행복한 기분이 들었다.

"재미있었지? 내가 제일 좋아하는 동영상이야. 몰리 아줌마가 기뻐하는 모습을 보면, 기분이 좋아진다니까."

형은 화면을 처음으로 돌리더니, 몰리 아줌마 옆에 있던 테니스 코치를 가리켰다.

"이 사람이 티머시 골웨이야. 몰리 아줌마도 몰랐던 능력을 일깨워 '20분 테니스'를 가능하게 한 사람이지."

나는 그 사람을 유심히 보았다.

"대단한 사람 같아요. 평생 테니스만 가르쳤나 봐요."

그러자 형이 싱긋 웃었다.

"티머시 골웨이는 원래 교사였어. 테니스는 취미였지. 하버드에 다닐 때 테니스부 주장을 맡을 정도로 테니스에 빠져 있긴 했지만 말이야. 골웨이가 1년 정도 교직을 떠나 잠시 쉬고 있을 때, 우연히 테니스 코치로 일할 기회가 있었어. 그때 놀라운 사실을 발견하게 된 거야. 바로 누구나 쉽게 배울 능력을 타고난다는 거였지!"

형은 동영상을 조금 뒤쪽으로 돌려서 어느 순간 잠깐 멈췄다. 그러자 화면 한쪽을 넉넉하게 채운 몰리 아줌마의 모습이 나타났다.

형이 손가락으로 아줌마를 가리켰다.

"몰리 아줌마는 티머시 골웨이에 관한 프로그램을 만들기 위해 방송국에서 일부러 찾아낸 사람이었어."

"어떻게요?"

"운동하고는 거리가 먼 사람을 여러 명 데려온 뒤, 그중에서 몸이 가장 굼떠 보이는 사람을 뽑은 거야. 몰리 아줌마는 20년 넘게 운동이랑 담을 쌓은 상태였거든."

"네? 20년이나요?"

"하하, 골웨이가 하도 큰 소리를 탕탕 치니까, 방송국에서 제일 둔한 사람을 골라다 놓은 거야. 그런데 보기 좋게 성공한 거지."

나는 몰리 아줌마를 가만히 보았다. 20분 만에 테니스를 배운 뒤, 기뻐서 어쩔 줄 모르던 표정이 눈에 선했다. 나도 모르게 혼잣말처럼 중얼거렸다.

"공부도 그렇게 쉽게 할 수 있으면 얼마나 좋아……."

그러자 형이 깜짝 놀라며 나를 보았다.

"어, 너 어떻게 알았어?"

"네? 뭘요?"

내가 어리둥절해 하자, 형이 설명했다.

"네가 방금 말한 것 말이야. 안 그래도 지금부터 '힘들이지 않고 공부하는 법'을 가르쳐 줄 생각이었거든."

"정말이에요?"

나는 힘들이지 않고 공부하는 게 과연 가능한지 의문이 들었다.

"응, 동영상을 보여 준 이유가 사실 그것 때문이었어. 티머시 골웨이가 예전에 교사였다고 했잖아? 가르치는 장기를 살려 책을 썼거든."

그 말에, 나는 형 쪽으로 잔뜩 몸을 기울였다.

"어떤 책인데요?"

"《The Inner Game of Tennis》야."

"우리말로 하면 뭔데요?"

"음, 마음으로 배우는 테니스 정도가 되겠지."

"에이, 그건 공부에 관한 책이 아니잖아요."

나는 엉덩이를 다시 바닥에 붙였다. 조금 실망한 내 표정을 보면서 형이 말했다.

"그걸로 끝이 아니야. 골웨이는 《마음으로 배우는 스키》, 《마음으로 배우는 음악》, 《마음으로 배우는 골프》, 《마음으로 배우는 일》 같은 책을 연달아 써 냈어. 그 책들은 엄청나게 팔려 나가 베스트셀러가 되었지. 우리나라에도 몇 가지가 나와 있어."

"네……."

"그런데 골웨이가 처음 썼던 테니스에 관한 책에 아주 중요한 내용이 나와. 그 내용이 나머지 책 속에서도 반복되지. 그게 바로, 티머시 골웨이의 핵심 비법인 거야."

내 마음속에는 두 개의 '나'가 있다

"그게 뭔데요?"

나는 다시 궁금해졌다. 책 다섯 권을 읽어야 겨우 알 수 있는 '핵심'을 지금 배울 수 있다는 뜻이니 말이다.

형은 그런 내 태도 변화를 알아챘는지 싱긋 웃으며 수첩을 보여 주었다.

"이걸 한번 봐."

'판단하는 나 / 지켜보는 나'

제목만 보아서는 무엇을 뜻하는 건지 알 수 없었다.

"이게 뭐예요?"

"우리 안에 들어 있는 두 마음이야. 너한테도 있고 나한테도 있지. 사람들은 누구나 이 둘을 자신의 마음속에 가지고 있어."

형이 수첩을 한 장 넘기자 양쪽으로 나눠진 표가 나왔다.

판단하는 나	지켜보는 나
지난 일을 비판한다. "도대체 내가 왜 그렇게 한 거지?"	판단하지 않고 지금 이 순간의 행동을 관찰한다. "흠, 잘 안 되네?"
스스로에게 명령하며 고치려 든다. "미쳐. 어떻게든 제대로 해야 해."	원하는 결과를 마음속에 그린다. "괜찮아, 할 수 있을 거야."
제대로 하려고 열심히 노력한다. "그래. 이제부터 열심히 해 보자!"	자신이 발전하고 있다고 믿는다. "와, 조금씩 나아지고 있는 걸!"
결과를 비판. 악순환을 반복한다. "역시 안돼……. 내가 그럼 그렇지."	판단하지 않고. 결과를 조용히 관찰하면서 지속적으로 배운다. "그래, 한 번 더 해봐야지."

"어때, 느낌이 오니?"

나는 고개를 갸웃거렸다. 알 것 같기도 하고 모를 것 같기도 했다.

"그게……, 알쏭달쏭해요."

"그럼, 쉬운 예를 한 가지만 들어볼까? 이틀 뒤에 중요한 시험이 있는데, 공부를 하다가 그만 잠이 들어버렸어. 다음 날 아침에 깨어난 뒤, 어떤 마음이 들까?"

상상만 해도 마음이 답답해지는 질문이었다. 나는 느릿느릿 대답했다.

"일단은……, '이 바보!'하고 자책하겠죠. 그러고는 '이제 하루 밖에 안 남았어. 정신 차려!'라고 중얼거릴 거고요. 그런 다음엔……, '어떻게든 열심히 하자, 오늘만이라도 제대로 하는 거야.' 이렇게 다짐할 것 같아요. 뭐, 그런다고 딱히 달라질 건 없겠지만요."

그러자 형이 빙그레 웃으며 표 왼쪽을 가리켰다. 그 순간 나는 깨달았다. 내가 방금 한 말은 판단하는 나와 흐름이 비슷하다는 걸 말이다!

형이 말했다.

"그래, 맞아. 우리는 매 순간 판단하는 나가 되곤 해. 뭐든 열심히 하려고 하지만 금세 후회하고, 스스로를 쉽게 비난하지. 표를 다시 봐 줄래?"

형이 표 오른쪽을 가리켰다.

"아까와 같은 상황을 상상한 뒤, 지켜보는 나가 되어 한번 더 말해 봐."

"시험공부를 하다가 잠이 든 상황 말이에요?"

형은 미소를 지으며 고개를 끄덕였다. 나는 조금 생각하다가, 낡은 수첩을 들여다보았다. 그러고는 말했다.

"어, 벌써 아침이네? 내가 잠이 들었구나. 어떻게 하지? 뭐, 괜찮을 거야. 어젯밤에 조금은 공부했잖아. 그래, 오늘 밤에 다시 해 보자……. 어휴, 못하겠어요!"

나는 금세 어색한 표정이 되었다. 일부러 긍정적인 말을 하려니, 몸에 맞지 않는 옷을 입은 것처럼 마음이 편치 않았다. 그러자 형이 말했다.

"쉽지 않지? 맞아, 우린 누구나 판단하는 나에 익숙해져 있어서 자꾸 자신을 몰아붙이지. 그래야 더 큰 성과를 얻을 것 같거든."

난 고개를 끄덕였다. 왠지 그 말이 맞는 것 같았다.

형이 나를 보며 말을 이어갔다.

"골웨이가 알아낸 비법은 바로 지켜보는 나가 되는 거야. 그러면 공부든 테니스든 힘들이지 않고 해낼 수 있어. 그러기 위해선, 먼저 자신과의 싸움을 멈춰야만 해."

"자신과의 싸움이라고요?"

"응. 이런 말 많이 들어 봤지? '공부를 잘 하려면, 나와 싸워 이겨야 한다. 적은 바로 내 안에 있다!'라는 이야기 말이야."

'자기 자신도 이기지 못하면서, 무슨 성적을 올리겠다는 거야!'

'적은 남이 아니야! 자꾸 공부를 미루는 네 자신이라고. 알겠니?'

'볼 것 다 보고, 할 것 다 하면서 무슨 공부야? 너흰 스스로를 부끄럽게 여겨야 해!'

머릿속에 시험 때만 되면 선생님들이 입버릇처럼 하시는 말씀이 떠올랐다. 그 순간, 형의 목소리가 귓전으로 파고 들었다.

"나도 예전엔 그렇게 믿었어. 성적이 오르지 않는 건 내 의지가 약한 탓이라고 말이야. 그리고 '공부는 의지가 강하고 특별한 사람들만 해낼 수 있다'고 여겼지. 하지만 그건 틀린 말이었어."

"틀렸다고요?"

여태껏 형의 말에 무조건 고개를 끄덕였지만, 이번만은 쉽지 않았다. 당연하다고 생각한 오랜 믿음을 깨트려야 하기 때문이었다. 나는 물었다.

"그럼 대체 뭐가……."

"맞는 거냐고? 그 대답을 하기 전에 한 가지만 물어볼게. '공부'라는 말을 들으면 어떤 기분이 드니?"

그 말을 듣자 마음속에서 여러 가지 감정들이 뭉게뭉게 피어올랐다.

"답답하고, 힘들고, 꽉 눌리고, 어렵고……, 그런 복잡한 기분이요."

"그래, 네 표정만 보아도 그 느낌을 알 것 같아. 그럼 그동안 공부하면서 그런 느낌이 드는 걸 당연하다고 여기지 않았니?"

나는 말없이 고개를 끄덕였다.

"그런 느낌은 바로 우리 마음속을 지배해 온 판단하는 나에서 비롯된 거야. 판단하는 나는 항상 우리에게 속삭이지. '공부를 할 땐 힘든 게 당연해. 그렇지 않으면 얻을 게 없어. 자, 어서 자신과 싸워 이기렴. 그럼 분명 잘 될 거야'하고 말이야."

형은 고개를 저으며 말을 이어갔다.

"하지만 그건 옳지 않아. 몰리 아줌마를 행복하게 만든 건 지켜보고 격려하는 마음이었어. 다그치고 판단하는 태도가 아니고 말이야. 티머시 골웨이는 알고 있었던 거야. 지켜보는 나가 주는 행복이 모든 것을 가능하게 한다는 걸!"

"행복이라고요?"

그렇게 되물으면서 나는 지난번 수업을 떠올렸다. 형이 하버드 이야기를 할 때, 행복해야 공부를 잘 할 수 있다는 말을 한 게 기억났다.

"공부든, 테니스든 모두 마찬가지야. 행복해야만 쉽게 해낼 수 있어. 판단하는 나가 되어 자신과 싸우면 자꾸만 불행하고 힘들어질 뿐이야."

나는 몰리 아줌마를 떠올렸다. 아줌마는 테니스를 배우는 20분 내내 무척 행복해 보였다. 그게 바로 지켜보는 나의 힘이었던 걸까?

"하지만 방법을 잘 모르겠어요."

"맞아. 마음속 깊이 꽁꽁 숨어 있는 지켜보는 나를 찾기 위해서는 아주 특별한 방법이 필요하거든."

"그게 뭔데요?"

"바로 '말'이야."

✳

"네? '말'이라고요?"

나는 두 눈을 동그랗게 떴다. 형은 대답 대신 탁자 위에 놓아둔 책 한 권을 집어 들었다. 내가 아까 방에 들어왔을 때 형이 보고 있던 책이었다.

"《그 빛에 감싸여》라는 책이야. 임사 체험을 한 베티 이디라는 사람이 쓴 거지."

나는 임사 체험이 무엇일까 궁금해졌다. 형은 그런 내 생각을 읽기라도 한 듯 쉽게 설명하기 시작했다.

"임사 체험이란 죽었다 다시 살아난 경험을 말해. 흔하지는 않지만 아주 가끔씩 일어나지. 베티 이디는 이런 특별한 경험을 글로 써서 아주 유명한 작가가 되었어.《그 빛에 감싸여》라는 책 속에 이런 말이 나와."

형은 책갈피로 표시를 해 둔 부분을 펼쳐서 읽었다.

"저는 땅에선 보지 못했던 것들을 천국에서 볼 수 있었어요. 사람들이 에너지로 된 막에 둘러싸여 있었는데, 사람들이 한 말이 실제로 그 주변의 에너지 막에 영향을 미치고 있었답니다. 말 자체, 즉 공기의 진동이 여러 가지 유형의 에너지를 끌어당겨서 그 사람의 에너지로 만들어지고 있었어요. 에너지는 자신과 비슷한 유형의 에너지를 끌어당기더군요. 만약 사람들이 이걸 본다면, 결코 함부로 말하지 않을 거예요."

이 글을 듣고 조금 걱정이 되기 시작했다. 아까 집에서 나올 때 잘 다녀오라는 엄마의 말에 퉁명스럽게 대답한 게 기억났기 때문이었다. 형이 말했다.

"글대로라면, 우리가 아무 생각 없이 내뱉는 말이 모두 에너지가 되어 우리 주위로 모여드는 셈이야. 만약 부정적인 말을 하면 부정적인 에너지가, 긍정적인 말을 하면 긍정적인 에너지가 모여들겠지. 결국 습관적으로 한 말에 따라 내 에너지가 결정되는 거야. '말이 씨가 된다'는 속담이 있지? 그 말이 어쩌면 맞을지도 몰라."

"그렇구나……."

나는 고개를 끄덕였다. 형이 책을 덮으며 빙그레 웃었다.

"혹시 과자 좋아하니?"

"과자요?"

"일본에 가면 '다마고 보로'라는 과자가 있어. 그 속엔 '감사합니다'라는 말이 1백만 번이나 들어 있대."

"1백만 번이나요? 어떻게요?"

"과자를 만들 때 '감사합니다'라고 녹음한 테이프를 온종일 틀어 놓는대. 과자 속에 그 말이 버무려지도록 말이야. 그걸 만든 다케다 씨는 이렇게 말했어. 감사한 마음으로 만든 과자는 먹는 사람의 마음에도 감사와 행복을 전해 준다고 말이야. 그런 이유 때문인지 그 과자는 일본에서 엄청나게 팔려 나갔지. 또 다케다 씨는 모기에 관한 이야기도 했어."

"모기요?"

"우리가 화낼 때 내뿜는 숨을 봉지에 담아서 그 속에 모기를 넣어두면, 얼마 못 가서 죽어버린대. 반대로 활짝 웃을 때 내쉬는 숨 속에서는 모기가 훨씬 오래 산다는 거야. 자, 그럼 어떤 말을 자주 해야 하는지 알 수 있겠지?"

'지켜보는 나'를 찾자

내가 선뜻 대답했다.

"감사하다는 말이요?"

"맞아. '행복하다', '감사하다' 이런 말을 자주 하면 우리 주위에 좋은 에너지가 모여들게 되고, 저절로 지켜보는 나가 마음의 중심에 자리 잡게 돼."

"하지만 그런 말을 자주 하려면 그런 상황이 돼야 하잖아요? 정신 나간 사람처럼 혼자서 그 말을 할 수도 없고……."

그러자 형이 활짝 웃으며 손뼉을 쳤다.

"맞아, 바로 그거야!"

"네? 뭘요?"

"네가 방금 말한 것 말이야. 그냥 아무 이유 없이 혼자서 그 말을 되풀이하기만 해도 놀랄 만큼 좋은 에너지가 모여든다고 해."

"에이, 말도 안돼요."

"맞다니까. '다마고 보로' 과자를 만든 다케다 씨 있지? 그 사람이 한 말 중에 이런 게 있어. 하루에 3천 번씩 '감사합니다'라고 말하면 인생이 몰라보게 바뀔 거라고 말이야. 그렇게 하다 보면 자신도 모르게 활짝 웃는 얼굴이 되고, 더불어 운도 좋아진대."

"하지만 아무리 그래도 3천 번은 너무 많잖아요."

"하하, 그걸 다 말하려면 40분쯤 걸려. 지켜보는 나를 찾기 위해 그쯤 투자하는 건 아까운 게 아니지만 매일 하는 건 힘들겠지? 그럼, 하루에 5분씩 시간을 내서 백 번 정도만 말해 봐."

"백 번 정도라면 뭐……."

그러자 형이 나를 보며 싱긋 웃었다.

"우리 뇌는 말이야, 입 밖으로 나온 말을 듣고 비로소 생각을 하는 경우가 많아. 우리가 아무 이유 없이 '감사합니다', '행복합니다'라고 말하면 뇌는 순간 당황하지. '어? 왜 이런 말이 들리는 거지? 뭔가 분명히 이유가 있을 텐데……' 그러면서 재빨리 이유를 찾아나서는 거야."

낮은 탁자 위에는 내가 해 온 숙제가 펼쳐져 있었다. '운이 좋았던 일'을 세 가지씩 찾는 숙제를 하면서 처음엔 바보 같다는 생각도 했다. 하지만 나중엔 이런 마음이 들었다. '내가 지금 이렇게 멀쩡한 손으로 이 숙제를 할 수 있는 것도 참 운이 좋은 거 아닐까?'하고 말이다. 이것도 혹시, 뇌가 당황하지 않기 위해 찾아낸 이유였던 걸까?

그때 형의 목소리가 들렸다.

"판단하는 나와 지켜보는 나의 가장 큰 차이가 무엇인 줄 아니?"

"네?"

나는 퍼뜩 정신을 차리고 고개를 저었다. 형이 따뜻하게 웃으며 말했다.

"그건 바로 '신뢰'야. 자기 자신을 따스한 시선으로 바라보는 거지. 스스로를 믿으면 가만히 지켜보며 응원해 줄 수 있지만, 스스로를 믿지 않으면 자꾸 비난하고 몰아붙이게 되는 거야."

"그렇구나."

"네 스스로 어떤 감정을 느끼든 그걸 인정하고 가만히 바라보도록 해. 그러면서 혼자 말해 보는 거야. '행복하다', '감사하다'하고 말이야. 그럼 마음속에 포근한 느낌이 차오르는 게 느껴질 거야."

형의 말을 듣고 나도 덩달아 미소를 지었다. 그리고 생각했다. '지켜보는 나를 찾으면 정말 힘들이지 않고 공부할 수 있을까? 그런 날이 진짜로 올까?'

잘은 모르겠지만, 시도해 보고 싶었다. 형이 내 눈을 들여다보았다.

"뭔가 좋은 생각을 하고 있는 모양이구나. 눈빛이 따뜻하게 변했어."

생각을 들킨 것 같아 당황해 하고 있는데, 형이 새로운 종이 한 장을 나한테 내밀었다.

"자, 오늘 숙제야. 따로 설명해 주지 않아도 잘 할 수 있겠지?"

나는 종이를 들여다보았다. 그리고 빙그레 웃으며 고개를 끄덕였다.

✳

계단을 내려오다 시계를 보니, 어느 새 시간이 후딱 지나 있었다. 이 집에 들어선 지 얼마 되지 않은 것 같은데 참 신기했다.

형은 오늘도 현관문 앞까지 배웅을 해 주었다. 쑥스럽기도 하고 귀한 사람대접을 받는 것 같아 기분이 좋기도 했다.

"형, 고맙습니다. 안녕히 계세요."

내 말에 형이 함박웃음을 지었다.

"그래, 나도 고마워. 오늘 수업 너무 즐거웠어. 그럼 다음에 보자."

오늘 뭔가 소중한 이야기를 들은 것 같아서 왠지 뿌듯했다. 대문 앞에서 초인종을 누르니, 엄마가 후다닥 뛰어나와서 호들갑을 떨었다.

"어땠니? 재미있었니? 그 형이 공부 제대로 하는 법 가르쳐 줬어?"

귀찮아서 퉁명스럽게 대답하려다가, 문득 모여드는 에너지 이야기가 떠올랐다. 나는 엄마 쪽으로 고개를 돌렸다.

"네, 재미있었어요. 어떤 마음으로 공부를 하면 힘이 덜 드는지 형이 알려 줬어요."

"그래? 정말 다행이구나!"

두 눈을 반짝이며 어린애처럼 좋아하는 엄마를 보니 제대로 대답하길 잘했다는 생각이 들었다. 나중에 엄마한테도 지켜보는 나에 대해서 이야기해 줘야겠다. 그럼 나를 좀 덜 혼내실지도 모르니 말이다.

나는 방으로 들어가 책상 옆에 새로 걸어 둔 큰 메모판에 형이 준 숙제를 붙였다. 지난번에 형 방에 처음 갔을 때 침대 옆에 붙어 있던 커다란 그림을 보고 나도 메모판을 마련했다.

"음……, 뭐라고 쓸까?"

나는 메모판에 붙였던 종이를 떼어 책상 위에 놓았다. 그
러고는 빙그레 웃으며 숙제를 하기 시작했다.

오늘의 숙제

오늘 수업 재미있었니? 지난 수업 때 너와 이야기를 나누다 보니 시간 가는 줄 모르겠더라고. 집중해서 들어주고, 가르치는 즐거움을 알게 해 줘서 정말 고마워. 넌 참 멋진 학생이야!

오늘부터 닷새 동안, 좋은 에너지가 나올 만한 멋진 말(감사합니다. 고맙습니다. 행복해요. 기뻐요. 즐거워요. 신난다. 기분 좋다. 난 참 운이 좋아 등)을 골라서 하루에 백 번씩 말해봐. 열 번 말할 때마다 표시하는 것 잊지 말고!

• 오늘은 나에게 어떤 멋진 말을 해 주었나요? (열 번마다 체크)

월 일 요일	10( ) 20( ) 30( ) 40( ) 50( ) 60( ) 70( ) 80( ) 90( ) 100( )
월 일 요일	10( ) 20( ) 30( ) 40( ) 50( ) 60( ) 70( ) 80( ) 90( ) 100( )
월 일 요일	10( ) 20( ) 30( ) 40( ) 50( ) 60( ) 70( ) 80( ) 90( ) 100( )
월 일 요일	10( ) 20( ) 30( ) 40( ) 50( ) 60( ) 70( ) 80( ) 90( ) 100( )
월 일 요일	10( ) 20( ) 30( ) 40( ) 50( ) 60( ) 70( ) 80( ) 90( ) 100( )

· *Chapter 03* ·

공부에 풍덩 빠지는 법

"몰입 상태가 되면, 애쓰지 않아도
저절로 문장이 외워지고 문제가 쓱쓱 풀리게 돼.
그건 정말 놀라운 기분이야."

CHAPTER 03

공부에 풍덩 빠지는 법

몰입하면 행복하다

"아주머니, 안녕하세요?"

"그래, 왔구나. 날씨가 꽤 덥지? 수업하는 날인가 보구나.
형은 위층에 있으니 올라가 보렴. 시원한 음료 준비해서
얼른 가져다줄게."

나는 반갑게 맞아 주시는 아주머니께 꾸벅 인사를 하고는
계단을 성큼성큼 뛰어올라갔다. 노크를 하려고 방 앞에

멈춰 섰는데 문이 빼꼼 열려 있는 게 보였다.

'일부러 이렇게 열어 놓은 건가?'

잠시 망설이다가 문을 살며시 밀고 들여다보니, 형이 낮은 탁자 위에 낡은 노트를 펼쳐 놓고 무엇인가를 한창 읽고 있었다. 그냥 들어가려다가 왠지 실례가 될 것 같아서 '흠흠'하고 헛기침을 두어 번 했다. 하지만 어찌 된 일인지 형은 돌아보지 않았다.

문을 열지도 닫지도 못한 채 망설이고 있는데, 마침 계단을 올라오시던 아주머니가 그런 내 모습을 보셨다. 열린 문 사이로 살짝 안을 들여다보시더니, 아주머니가 미소 띤 얼굴로 말씀하셨다.

"쟤가 또 저러고 있구나. 불러도 아무 대답이 없지? 아마 저런 채로 한동안 있을 거야. 자, 일단 내려가자. 거실이 제법 시원하단다. 앞뒤로 창문을 활짝 열어 놓았거든. 다락방도 괜찮긴 하지만, 이런 날은 아래층이 더 낫지."

나는 잡고 있던 문고리를 살며시 놓은 뒤 아주머니를 따라 계단을 내려갔다. 쟁반 위 차가운 음료수 잔에 투명한 물방울이 송글송글 매달려 있었다.

나는 거실 한쪽에 놓인 찻상 앞에 앉아서 아주머니가 주
시는 음료수를 받았다. 창문을 통해 들어오는 시원한 산
들바람을 느끼고 있는데, 아주머니가 말씀하셨다.

"여기서 음료수 마시면서 천천히 기다리렴. 형은 좀 더 있
어야 내려올 거야. 아까 뭔가 읽고 있었지? 쟤가 예전부
터 무언가에 푹 빠지면 불러도 모를 때가 많았단다. 처음
엔 대답하기 귀찮아서 그러나 싶었는데, 나중에 물어보니
정말로 못 들었다고 하더라고. 그래서 우리가 쟤한테 별
명을 하나 붙였어. 뭔 줄 아니? 바로 '조던'이야."

"조던이요?"

내가 고개를 갸웃거렸더니 아주머니가 장식장 속에 놓인
사진을 가리켰다. 키가 큰 근육질 남자가 한 손에 커다란
공을 들고 가지런한 이를 드러내며 시원하게 웃고 있었
다. 사진 한쪽에 휘갈기듯 쓴 사인이 보였다.

"마이클 조던이라는 농구 선수란다."

"아……. 그런데 형 별명이 왜 '조던'이에요? 농구를 잘해
서요?"

그러자 아주머니가 호호 웃으며 손사래를 치셨다.

"아니, 걔는 농구는 그리 잘하지 못한단다. 테니스는 가끔 치는 것 같다만 말이다. 그 애를 그렇게 부른 건 아이 아빠의 이야기를 들은 다음부터였어. 마이클 조던이 농구를 할 때 사람들의 목소리를 못들을 정도로 자기만의 세계에 푹 빠졌다고 하더라고."

"네? 푹 빠졌다고요?"

아주머니가 고개를 끄덕였다.

"마이클 조던은 워낙 유명한 선수라, 그 사람이 자유투를 던지려고 골대 앞에 서면 관중들이 귀가 먹먹할 정도로 소리를 질러대곤 했대. 그런데도 집중력이 워낙 강해서 주위를 전혀 신경 쓰지 않고 경기를 했다는구나. 연습을 할 때도 마찬가지고 말이야. 마이클 조던이 공을 던지는 모습을 가까이에서 본 사람은 하나같이 이런 이야기를 했대. 꼭 다른 세상 속에 있는 사람 같다고 말이야."

"다른 세상 속이요?"

그때 계단 쪽에서 목소리가 들렸다.

"그걸 바로 '몰입'이라고 해."

나는 얼른 고개를 돌렸다. 형이 활짝 웃으며 우리를 향해
다가오고 있었다.

"엄마, 또 그 이야기 하셨죠? 마이클 조던의 몰입이 얼마
나 대단한데, 그런 별명을 저한테 붙이시면 어떻게 해요?
딴 사람들이 웃어요."

말은 그렇게 해도 형의 기분은 그리 나빠 보이지 않았다.
형이 미소 띤 얼굴로 나에게 물었다.

"마이클 조던이 자신이 몰입했던 순간을 어떻게 표현했는
지 아니?"

"뭐라고 했는데요?"

"생각이 멈춘 채 몸이 저절로 움직이는 느낌! 마치 다른
세상에 들어간 것처럼 시간 가는 줄 모르고 몸이 깃털처
럼 가볍게 느껴졌대."

그 말이 무척 신기하게 느껴졌다. 그때 문득 한 가지 생각
이 떠올랐다.

"형, 혹시 몰입이라는 게 만화책 볼 때도 해당되나요? 재

미있는 걸 읽다 보면 엄마가 부르는 소리가 안 들릴 때가

있거든요."

"맞아, 그게 몰입이야. 대단한데?"

시원스러운 형의 대답에 아주머니도 한 말씀 거드셨다.

"나도 좋아하는 드라마를 볼 때 시간 가는 줄 모를 때가

있어. 전화벨 소리에 깜짝 놀라 정신을 차리곤 하지."

"흠, 그럼 엄마도 조던이네요. '엄마 마이클 조던'이니까

줄여서 '마마 조던'. 하하!"

그 말에 다들 웃음을 터뜨렸다. 얼굴 가득 미소를 머금고

형이 말했다.

"꼭 딴 세상 속에 들어간 것 같다는 마이클 조던의 상태를

'존zone'에 빠졌다고 말하기도 해."

그때 내 머릿속에서 불현듯 떠오르는 것이 있었다.

"맞다! 저랑 버스 정류장에서 처음 만났을 때, 형이 저한

테 '존'이 어쩌고 이야기하지 않았어요?"

"맞아. 네가 단어장을 워낙 집중해서 보고 있길래, 혹시

존에 들어간 건 아닌가 궁금했어. 만약 그렇다면 내가 수

첩을 떨어뜨리는 바람에 네 몰입을 방해한 것이니 말이

야. 사실 그 존이라는 게 들어가기는 어렵지만, 일단 한 번 빠지고 나면 엄청난 힘을 발휘하거든."

"어떤 힘인데요?"

"신기할 정도로 공부가 잘되게 해 주지. 몰입 상태가 되면, 애쓰지 않아도 저절로 문장이 외워지고 문제가 쓱쓱 풀리게 돼. 그건 정말 놀라운 기분이야. 그리고 한 가지 더 중요한 게 있어."

"그게 뭔데요?"

형이 빙그레 웃으며 대답했다.

"바로, 행복이야!"

✦

형이 매번 말하는 '행복'이라는 단어에 나는 어느새 익숙해져 있었다. 형이 말을 이어갔다.

"우리가 무언가에 푹 빠지면 커다란 행복감을 느끼게 돼. 말로 표현하기 어려울 정도로 말이야. 여기 몰입의 순간을 표현한 말이 있어."

형이 낡은 수첩을 펼쳐 나에게 보여 주었다. 거기엔 몇 줄의 문장이 연이어 쓰어 있었다.

"글을 쓰다 보면, 시간이 가는 걸 잊고 아주 황홀한 느낌
에 빠져 그 일에 온통 사로잡힐 때가 있다. 시가 술술 써지
면서, 지금 내가 쓰는 말이 더없이 알맞은 표현이라는 걸
스스로 느끼게 된다."

- 마크 스트랜드

"정말 기분이 좋아서 내가 존재하지 않는 것 같은 느낌이
에요. 이런 경험을 나는 여러 번 했지요. 이런 상태에서는
손이 더 이상 내 것이 아니고, 이때 일어나는 일은 나와 전
혀 상관없어요. 그냥 체스판 앞에 앉아서 놀라운 눈으로
바라보고 있을 뿐입니다. 내 손이 저절로 말을 움직이고
있으니까요!"

- 어느 체스 선수

"아주 강하고 평온한 느낌이 나를 감싸요. 실패할지도 모
른다는 두려움은 더 이상 들지 않아요. 그건 정말 강렬하

고도 따스한 느낌이에요. 커다란 풍선처럼 부푼 세상을 내 품에 가득 안고 싶어요. 감사한 마음과 아름다운 행복감이 거대한 힘처럼 밀려온답니다."

– 어느 무용가

글을 다 읽고 나니, 그 사람들이 무척 부러워졌다. 그러다 문득 '정말 공부할 때도 그런 느낌을 경험할 수 있을까?'라는 생각이 들었다.

"무언가를 할 때 그렇게 푹 빠져들 수 있다는 게 참 신기하지?"

"네."

"그럼 어떻게 하면 공부할 때도 그런 느낌을 가질 수 있는지 궁금하지 않니?"

나는 얼른 고개를 끄덕였다. 형이 싱긋 웃으며 물었다.

"혹시 '세 명의 벽돌공' 이야기를 아니?"

"세 명의 벽돌공이요?"

잠자코 계시던 아주머니도 관심을 보이셨다.

"그게 무슨 이야기인데?"

"하하, 그렇게 대단한 이야기는 아니에요."

형은 이야기를 시작했다.

세 명의 벽돌공

세 명의 벽돌공이 부지런히 벽돌을 쌓고 있었다.

어떤 사람이 그 앞을 지나가다가 한 벽돌공에게 물었다.

"지금 무엇을 하고 계십니까?"

그러자 그 벽돌공이 대답했다.

"보시다시피 벽돌을 쌓고 있소."

그 사람은 바로 옆에서 일하던 벽돌공에게도 같은 질문을 던졌다.

그러자 두 번째 벽돌공이 대답했다.

"시간당 9달러 30센트짜리 일을 하고 있소."

그 사람은 마지막 벽돌공에게 다가가서 다시 물었다.

그러자 그 벽돌공이 말했다.

"네, 저는 지금 세계 최대의 성당을 짓고 있답니다."

노력하면 몰입할 수 있다

형의 이야기가 무슨 뜻인지 몰라 어리둥절해 하고 있는
데, 아주머니가 빙그레 웃으며 이렇게 말씀하셨다.

"자신이 하는 일에 자부심을 가지고 정성을 쏟아붓는 사
람이 그 일에서 행복감을 느낀다는 이야기인 것 같구나."

그러자 형이 활짝 웃으며 고개를 끄덕였다.

"네, 맞아요. 몰입에 이르는 과정이 여럿 있지만, 그 가운
데서도 그게 가장 중요해요."

"다른 건 어떤 게 있는데요?"

내가 궁금함을 참지 못하고 묻자, 형이 내 머리를 쓰다듬
어 주었다.

"일단은 몰입을 경험해 보고 싶다는 마음을 갖는 게 중요
해. 지금의 너처럼 말이야."

나는 형과 마주보며 쑥스럽게 웃었다. 전부터 느낀 거지
만 형은 다른 사람의 마음을 한껏 북돋워 주는 따스한 힘
을 갖고 있었다.

"그런 다음에는요?"

"뚜렷한 목표를 가져야 해. 꼭대기가 눈에 보이면 산을 오르기가 좀 더 쉬워지는 법이거든. 하지만 여기서 기억해야 할 건 목표 달성이 중요한 게 아니라는 거야. 무언가를 해내겠다는 마음이 정신을 한 곳으로 모아 주기 때문에 목표가 필요하다는 거야."

"그렇구나."

고개를 끄덕이면서, 내 목표가 과연 무엇일까 잠시 생각을 해 보았다. 그때 형이 말했다.

"그리고 해야 할 일을 선택할 때 실력보다 조금 어려운 것을 고르는 게 좋아."

"왜요?"

"일이 쉬우면 자칫 지루해지고, 너무 어려우면 포기하기 쉽거든. 평소보다 조금 어려운 일을 하면 나도 모르게 내 능력을 쏟아붓게 되고, 그 일과 내가 완벽하게 조화된 몰입의 경험이 가능하지."

"아, 그렇구나."

형은 열심히 듣고 있는 나를 향해 활짝 미소를 지었다.

"정돈된 분위기 속에서 자신만의 몰입 과정을 거치는 것도 좋아. 나 같은 경우엔 되도록 방을 깔끔하게 해 두려고 애쓰는 편이야. 그래야 잡생각이 덜 나거든. 그리고 공부를 하기 전에 해야 할 부분의 제목을 대충 훑어보는 것부터 시작을 해. 그러면 나도 모르게 그 속에 푹 빠져들게 돼."

그 말을 들으면서 나는 형의 방 풍경을 떠올렸다. 책이 빼곡히 들어찬 책장, 방 한가운데 놓인 낮은 탁자, 둘 다 말끔하게 정리되어 있었다. 그런 방이라면 저절로 공부가 될 것 같다고 생각했는데 다 이유가 있었던 것이다. 형이 말을 이어갔다.

"그리고 성과를 곧바로 확인할 수 있는 일을 할 때 몰입이 좀 더 쉽게 일어나게 돼."

"확인한다고요?"

"응. 자신이 무언가 해냈다는 성취감을 자주 느끼면 집중이 훨씬 잘 되거든."

"여태까지 형이 말한 걸 다 해내면, 누구나 존에 쑥 하고 들어갈 수 있나요?"

그렇게 말하면서 나는 손을 꼽아 보았다.

"마음을 먹고, 목표를 갖고, 실력보다 조금 어려운 일을 하고, 정돈하면서 자신만의 방법을 찾고, 자주 성과를 확인하고, 그리고……, 하는 일에 정성을 다하고! 이렇게 여섯 가지네요."

"맞아, 내 말을 집중해서 잘 들었구나. 이 여섯 가지는 몰입에 이르는 정거장과도 같아. 이 방법을 자신의 습관으로 만들어야 하지. 아주 거창한 것처럼 보여도, 익숙해지면 하루에도 몇 번씩 빠져들 수 있거든. 그럴수록 삶의 행복도 늘어 가게 돼. 공부를 잘한다는 것도 사실은 하루에 한 가지씩 아는 기쁨을 늘려 가는 거야."

형의 말을 들으면서, 몰입이라는 게 꼭 공부만을 위한 건 아닌 것 같았다. 무얼 하든 거기에 몰입하게 되면 훨씬 더 기분이 좋아질 테니 말이다. 쉽진 않겠지만 한 번 해 보고 싶다는 생각이 들었다.

✳

이야기를 주고받는 우리의 모습을 흐뭇하게 지켜보시던 아주머니가 형에게 넌지시 물으셨다.

"무언가에 푹 빠질 수 있다니 무척 매력적이구나. 아이들이 어릴 때부터 그런 느낌을 받을 수 있다면 참 좋을 텐데……."

그러자 형이 빙그레 웃었다.

"부모님들이 그런 환경을 만들어 줄 수 있어요. 예전에 우리나라에도 온 칙센트미하이라는 박사님이 있어요. 몰입에 대해 평생 동안 연구하신 분이지요. 그분이 '몰입을 창조할 수 있는 가정환경'에 대해 이야기를 했어요."

형이 다시 낡은 수첩을 뒤졌다.

"아, 여기 있다. 뚜렷함, 현재에 대한 관심, 선택, 믿음, 헌신. 이렇게 다섯 가지예요. 좀 더 자세하게 설명을 해 볼까요?"

아주머니와 나는 둘 다 똑같이 고개를 끄덕였다.

"첫 번째로 '뚜렷함'이라는 건 부모가 원하는 바를 아이들에게 뚜렷하게 전달해야 한다는 말이에요. 어떤 행동을 하길 원하는지, 무엇을 해내길 바라는지를 아이들에게 솔직하게 말해 줘야 하지요. 자신이 해내야 할 것이 무엇인지 알게 되면 아이들은 자신의 힘을 거기에 집중할 수 있어요. 고민하거나 헷갈리지 않고요. 그래서 '뚜렷함'이 몰입을 창조하는 첫 번째 환경이 되는 거예요."

형은 유심히 듣고 있는 아주머니와 나를 보며 하던 이야기를 이어갔다.

"두 번째로 '현재에 대한 관심'이란, 아이들이 지금 당장 하고 있는 일에 부모가 깊은 관심을 보이는 걸 말해요. 자녀가 훌륭한 대학을 나와 좋은 직장에 들어가는 데 목표를 두는 부모들이 많지만, 그런 먼 미래에 대한 관심은 자칫 현재의 성취를 무시하는 결과를 낳지요. 예를 들어, 수학에서 70점을 맞던 아이가 열심히 공부해서 80점을 받아 왔는데도 그 노력과 성취에 대해 함께 기뻐해 주지 못하고 이렇게 말하는 거예요. '나중에 좋은 대학에 들어가려면 수학에서 적어도 95점 이상은 맞아야 해! 앞으로 점점 더 문제가 어려워질 텐데, 겨우 80점이 뭐니?'하고요. 하지만 부모가 아이들의 현재에 관심을 갖고 작은 성취나 그 과정을 함께 나누어 주면 아이들이 안심하고 한 가지에 몰입할 수 있게 돼요."

아주머니와 나는 어느새 형의 이야기에 푹 빠져들었다.

"그럼, 세 번째로 이야기했던 '선택'이란 건?"

"그건 바로, 눈앞에 펼쳐진 다양한 가능성을 아이 스스로 고를 수 있게 하는 걸 말해요. 설사 부모가 원하는 바와 다르다고 해도, 그 결과를 아이가 책임질 수 있다면 과감히 선택할 수 있도록 허락하는 것이지요. 사람은 자신이 선택한 일에 더 힘을 기울이는 법이에요. 결과는 과정의 부산물일 뿐이지요. 성공하든 실패하든 간에, 아이는 그 과정을 통해 많은 것을 배우고 종종 몰입의 경험을 갖게 돼요. 그게 바로 선택이 몰입을 창조하는 환경이 되는 이유에요."

"그러면, '믿음'은 뭔데요?"

내 말에 형은 미소를 지으며 설명을 이어갔다.

"네 번째로 이야기했던 '믿음'이란, 아이들이 하는 일을 부모가 전폭적으로 신뢰하는 걸 말해. '아이들은 부모의 눈빛을 느끼며 자란다'는 말이 있어. 부모의 시선이 따스하면 아이들은 용기와 자신감을 얻게 되지. 운동 경기만 봐도 그렇잖아? 지든 이기든 언제나 믿어 주는 든든한 응원단이 있다면, 그 선수는 어떤 시합에서든 기쁜 마음으로 최선을 다 할 수 있지."

"그 말이 정말 맞는 것 같구나. 그럼, '헌신'이라는 건 부모가 아이들을 위해 희생하는 걸 말하는 거니?"

아주머니의 물음에 형이 대답했다.

"비슷하긴 한데 좀 달라요. 여기서 이야기하는 헌신이란, 아이들이 도전할 수 있도록 부모의 욕심을 버리는 걸 말해요. 부모는 인생 경험이 많기 때문에 아이들이 좀 더 안정되고 덜 힘든 일을 하길 바라거든요. 하지만 자라나는 아이들은 때론 무모하고 실패가 뻔한 일도 해 보길 원해요. 그럴 때 부모의 희생이 필요하지요. 자신을 낮추고 아이들이 나아가도록 도와주는 거예요. 그러면 아이들은 아무 걱정 없이 좀 더 어려운 일에 몰입할 수 있어요."

마중물을 붓자

형의 말을 들으면서, 머릿속에 몰입에 대한 많은 생각이 스쳐 지나갔다. 그리고 몰입이라는 게 다른 걱정 없이 내 힘을 한곳으로 모으는 과정인 것 같다는 생각도 들었다.

그러다 문득 궁금해졌다.

"형, 그런데요, 여태까지 형이 해 준 이야기를 들으면 몰입이 그렇게 어려울 것 같진 않은데, 왜 저는 여태껏 공부에 몰입하지 못했을까요? 사실, 만화책을 볼 때나 프라모델 조립할 때를 빼면 몰입이란 걸 딴 데서는 느껴 보지 못한 것 같아요."

"모든 일에는 '마중물'이 필요한 법이거든."

"그게 뭔데요?"

그러자 형은 내 말에 대답하는 대신 엉뚱한 걸 물었다.

"온몸이 끈적끈적할 만큼 더운 여름날, 뭔가를 당장 만들고 싶다면 어떻게 하면 좋을까?"

"선풍기나 에어컨을 켜 놓고 하면 되죠."

"하하, 그 말이 맞다. 그런데 만약 조립할 게 하나도 없다면?"

"글쎄요……."

열린 창을 통해 바깥을 보니 눈부실 만큼 새하얀 햇살이 마당 한가득 내리쬐고 있었다. 이런 날엔, 집을 나가 한 걸음만 움직여도 등에서 땀이 배어날 것 같았다.

"그럼 뭐……, 힘들어도 사러 나가야죠. 어쨌거나, 아무것
도 없으면 만드는 건 불가능하니까요."

"그게 바로 '마중물'이야!"

"네? 뭐가요?"

형은 대답 대신 자신의 낡은 수첩을 펼쳐 들었다. 그리고
거기에 쓰인 말을 읽기 시작했다.

"글쎄요, 일종의 투쟁이라고 할까요. 시작한다는 것은 엄
청나게 힘이 듭니다. 첫 페이지를 쓰기 위해 일주일 동안
죽어라 매달리기도 하지요. 정말 피와 눈물과 땀이라고
밖에 달리 표현할 길이 없군요. 무언가 훌륭한 결과가 나
오리라는 희망을 갖고 자신을 계속해서 밀어붙여야 해요.
그리고 자연스러운 몰입이 시작될 때까지 견뎌내야 합니
다. 그렇지 않으면 아무것도 일어나지 않아요. 일단 몰입
에 들어가면 좋은 시간을 가질 수 있지만, 거기에 도달하
기 위해서는 높은 장벽을 넘어야 합니다. 그 전까지는 그
저, 순수한 고통일 따름이지요."

어리둥절해 하는 나를 보며, 형이 설명했다.

"몰입에 이르는 고통에 대해 프리먼 다이슨이라는 사람이 이야기한 거야. 《전문가, 그들만의 법칙》이란 책에 나와 있지. 다이슨은 아주 유명한 물리학자로, 책을 몇 권이나 써 냈어. 하지만 매번 새 책을 쓸 때마다 책상 앞에 앉기 싫은 감정과 싸워야만 한다고 고백했지. 솔직히 말하면 나도 그건 마찬가지야. 미국은 9월이 한 학년의 시작인데, 그때 바깥 날씨가 얼마나 좋은지 공부를 하려고 주말에 기숙사 방에 앉아 있으면 몸이 뒤틀릴 지경이야. 뛰쳐나가고 싶어서 말이야."

❋

형의 말에 아주머니도 조금 놀란 표정을 지으셨다.

"많이 힘들었겠구나. 그럴 땐 그냥 나가서 바람이라도 쐬고 오지 그랬니?"

"다이슨의 말처럼 견디지 않으면 몰입의 순간도 오지 않으니까요. 집중이 잘되지 않아도 일단 책을 읽으면서 마중물을 부어 보는 거예요."

"그 '마중물'이라는 게 대체 뭐예요?"

내가 더 이상 참지 못하고 물었다. 그러자 아주머니가 대신 대답을 해 주셨다.

"마중물이란, 펌프로 지하수를 끌어 올릴 때 미리 한 바가지 부어 놓는 물을 말한단다. 그래야 새 물이 나오거든."

"펌프요?"

내가 잘 모르겠다는 표정을 짓자, 형이 수첩을 펼쳐 사진 하나를 보여 주었다. 그러자 아주머니가 반가워하는 표정을 지으셨다.

"맞아, 이게 펌프란다. 요즘도 시골에 가면 가끔 볼 수 있는데, 예전엔 집집마다 마당에 이게 있었어. 이 펌프로 지하수를 끌어 올려서 먹는 물로 썼거든."

내가 그 사진을 신기해하며 들여다보자 형이 말했다.

"아까 날씨가 아무리 무더워도 프라모델을 사기 위해 집을 나선다고 했지? 공부도, 일도 마찬가지야. 몰입의 순간을 맞이하기 위해서는 귀찮고 힘들어도 일단 시작을 해야 해. 그러면서 조금씩 다가가는 거야."

'몰입이라는 게 좋은 것이긴 한데, 막상 경험하려면 쉽지

않겠구나.'

그런 생각을 하고 있는데, 형의 말이 들려왔다.

"몰입으로 가는 길이 쉽진 않지만 무척 매력적이야. 그리고 넌 그 길에 이미 들어서 있어."

"제가요?"

"무언가를 알고 있을 때와 그렇지 않을 때는 하늘과 땅만큼 차이가 나거든. 넌 이제 몰입에 대해 알게 되었고, 거기에 빠져 보고 싶다고 생각하게 되었잖아. 나도 처음엔 몰입하는 게 힘이 들었어. 하지만 그럴 때마다 마중물을 떠올렸지. '그래, 조금만 더 견디면 몰입이라는 세상에 들어갈 수 있을 거야'하고 말이야. 아마 너도 언젠간 할 수 있을 거야."

❄

아주머니와 형의 따뜻한 배웅을 받으며, 난 그 집 현관을 나섰다. 우리 집에 들어서기 전에 나는 잠시 벽에 기대어 형이 준 종이를 펼쳐 들었다. 종이에는 또박또박한 글씨로 숙제가 적혀 있었다.

"오늘은 푹 빠져서 이걸 한 번 해 봐야지."

나는 혼자 중얼거리며 초인종을 눌렀다.

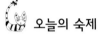 **오늘의 숙제**

마중물 이야기 재미있었니? 오늘이 벌써 세 번째 수업이구나. 하루하루 너와 보낸 시간이 늘어갈수록, 난 네가 참 훌륭한 학생이라는 생각이 든단다.
내가 느꼈던 기분 좋은 몰입에 너도 푹 빠져들 수 있으면 좋겠어.

몰입에 이르는 여섯 개의 정거장 이야기 생각나니?
몰입을 잘 하려면,
첫째, 몰입을 경험하겠다는 마음을 먹고
둘째, 뚜렷한 목표를 가지고
셋째, 자신의 능력보다 조금 어려운 일을 고르고
넷째, 주위를 정돈하면서 몰입을 하기 위한 자신만의 방법을 찾고
다섯째, 자주 성과를 확인하고
여섯째, 하는 일에 정성을 다 해야 하지!

오늘부터 닷새 동안, 위의 여섯 가지를 염두에 두고 하루에 하나씩 목표를 골라서 몰입하는 연습을 해 보렴.
목표가 꼭 거창할 필요는 없어. 뭔가 대단한 것에 몰입하는 것도 좋지만, 그것보다는 매일매일 작은 일에 빠져 드는 경험이 더 중요하거든.
기억하렴. 작은 몰입의 기쁨이 더 큰 행복을 부른다는 걸!
다음 수업 시간에 네가 경험한 몰입의 기쁨에 대해 이야기할 수 있으면 좋겠다.

• 오늘의 목표는 얼마나 이루었나요? (해당되는 곳에 체크)

월 일 요일	오늘의 목표: (달성 못함, 목표 달성, 목표 달성+몰입 경험)
월 일 요일	오늘의 목표: (달성 못함, 목표 달성, 목표 달성+몰입 경험)
월 일 요일	오늘의 목표: (달성 못함, 목표 달성, 목표 달성+몰입 경험)
월 일 요일	오늘의 목표: (달성 못함, 목표 달성, 목표 달성+몰입 경험)
월 일 요일	오늘의 목표: (달성 못함, 목표 달성, 목표 달성+몰입 경험)

· *Chapter 04* ·

욕심과 긴장을 없애는 법

"우리는 실패할지도 모른다는 생각에
매일같이 마음을 졸이곤 해. 하지만 이거 아니?
실패가 있어야 인생이 변한다는 걸 말이야!"

욕심과 긴장을 없애는 법

마음에서 힘을 빼면 일이 쉽게 풀린다

"어때, 무언가에 푹 빠져 봤니?"

지난번에는 거실에서 수업을 한 터라 다락방엔 한참 만에 온 것 같은 기분이 들었다. 천장과 벽을 둘러보고 있는데, 물을 따라 주며 형이 물었다.

"그게……, 쉽지는 않더라고요."

"맞아. 그렇지?"

시원스럽게 대답하는 형을 보며, 조심스럽게 말을 꺼냈다.

"사흘째 쯤인가……, 좀 신기한 일이 있긴 했어요."

"신기한 일?"

"그날 목표는 문제집 일곱 쪽을 푸는 거였는데, 다섯 쪽쯤 되니까 몸이 배배 꼬이더라고요. 속상해 하며 문제집을 덮는데 문득 이런 생각이 들었어요. '하긴, 힘들 만도 하지. 평소엔 세 쪽도 겨우 푸는데, 오늘은 다섯 쪽이나 풀었으니 말이야. 어떻게 하지? 그만 둘까? 아니야, 이왕 이렇게 된 거 조금만 더 해 보자. 그래, 하다가 안 되면 그만두지 뭐. 이만하면 잘 한 거야' 그러면서 문제집을 다시 풀기 시작했어요. 그런데……."

"그런데?"

"저도 모르게 집중을 했었나 봐요. '이 정도면 됐겠지'하고 고개를 들었더니, 한 시간이 후딱 지난 거예요. 혹시나 해서 문제집을 들춰 봤더니, 일곱 쪽을 다 풀고도 두 쪽이나 더 풀었더라고요. 더 신기했던 건 나중에 푼 네 쪽은 거의 다 맞았다는 거예요."

"그게 몰입이야. 드디어 경험했구나. 정말 잘 됐다!"

형은 자기 일처럼 기뻐하며 내 머리를 몇 번이나 쓰다듬어 주었다. 쑥스럽기도 하고, 기쁘기도 해서 나는 얼굴이 새빨개졌다.

"하지만 그때 한 번뿐이었는 걸요. 다음 날 또 시도해 봤지만 잘 안됐어요. 그 다음 날도 마찬가지고요."

그러자 형이 활짝 웃으며 말했다.

"너도 '몸 꽉 마음 꽉' 증후군을 겪었구나!"

나는 두 눈이 휘둥그레졌다.

"몸 꽉 마음 꽉이요? 그게 뭐예요?"

"우연히 몰입을 경험한 사람들이 다들 겪는 거야. 몸과 마음에 힘이 꽉꽉 들어가서 도무지 집중이 안 되는 거지."

"몸과 마음에 힘이 들어갔다고요?"

"긴장했다는 얘기야. 나도 예전에 그런 적이 있어. 어쩌다가 생전 처음 존에 들어갔는데, 다음 날 다시 해 보니까 절대 안 되더라고. 너무 화가 난 나머지 책상을 박차고 나와 버렸어, 하하."

"다들 겪는 일이라니 마음이 좀 편하네요. 그동안 혼자만 바보가 된 것 같아서 기분이 별로 안 좋았거든요. 그런데 왜 그런 일이 생기는 걸까요?"

"욕심 때문이야."

"욕심이요?"

"몰입을 한 번 경험하고 나면 또 그런 상태에 빠지고 싶거든. 존에 들어가는 건 무척 매력적인 경험이야. 미처 몰랐던 능력을 확인하게 되니까."

"맞아요. 존에 들어갔을 때 정말 대단했어요. 눈앞에 환한 불이 켜진 것처럼 답이 술술 떠오르더라고요. 왠지 특별한 사람이 된 것 같고, 공부가 무척 쉽게 느껴졌어요. 나중에 정신이 드니까 가슴이 뿌듯한 게 그런 기분을 또 느끼고 싶다는 생각이 간절했어요. 그런데 욕심이랑 몰입이 안 되는 거랑 무슨 연관이 있는 건데요?"

"욕심이 생기면 마음과 몸이 저절로 긴장하거든. 그럼 좀처럼 몰입이 안 돼. 존에 들어가려면 마음에서 먼저 힘을 빼야 해."

형이 빙그레 웃더니 다시 질문을 했다.

"외야수로 활약하면서 공을 한 번도 놓친 적 없는 천재 야구 선수의 비결이 무엇인 줄 아니?"

"뭔데요?"

"바로 힘을 빼는 거야. 외야수들이 공을 놓치는 건 대부분 지나치게 긴장하고 있어서거든. 공을 꼭 잡아야 한다는 욕심에 오히려 집중력이 흐트러지는 거지. 그런데 그 야구 선수는 공이 날아오면 마음을 편히 먹고 일부러 몸에서 힘을 뺐대. 그러면 저절로 긴장이 풀려서 집중력이 높아진대. 다칠 위험도 줄어들고 말이야."

"위험이 줄어든다고요? 어떻게요?"

"외야수는 공을 잡기 위해 뛰어가면서 팔을 뻗는 수가 많거든. 자연히 담장에 몸을 부딪치거나 바닥에 넘어질 확률이 크지. 그런데 힘을 빼면 심하게 넘어져도 쉽게 다치지 않는대. 걸음마를 배우는 아기들처럼 말이야."

나는 고개를 갸웃거렸다. 야구와 아기가 잘 연결되지 않아서였다. 미소를 지으며 형이 설명했다.

"막 걷기 시작한 아기들은 곧잘 넘어지곤 해. 침대에서 떨어지거나 계단에서 구르기도 하지. 그럼에도 불구하고 크게 다치지 않는 건 아기들이 넘어질 때 본능적으로 힘을 빼기 때문이야. 천재 야구 선수는 그 사실을 잘 알고 있던 거지."

"아!"

예전에 사촌 누나가 돌이 막 지난 조카를 데리고 우리 집에 놀러 온 적이 있었다. 거실에서 과일을 먹으며 이야기를 나누는 사이, 조카가 혼자서 뒤뚱뒤뚱 계단을 오르다가 우당탕 굴러떨어져 한바탕 난리가 났었다. 놀라서 자지러지게 울긴 했지만 다행히 다친 데가 없었는데, 이제야 그 이유를 알 것 같았다.

"그런 줄 알았으면 마음을 좀 편히 먹을 걸……. 왜 몰입이 안 되나 싶어 자꾸 조바심을 냈어요."

"몰입을 하려고 애쓰는 마음이 오히려 몰입을 방해한다니 좀 의외일 거야. 마음이란 참 미묘해서 우리 의도와는 반대로 흐르는 경우가 많아. 억누르고 무시하면 오히려 더 커지거든."

"네? 그게 무슨 말이에요?"

"존에 들어간 다음 날, 몰입이 안 돼서 조바심이 났다고 했지? 혹시 속상하거나 짜증이 나진 않았니?"

"그랬어요. 아무리 애를 써도 몰입이 안 되니까 나중엔 화가 나더라고요."

"그래서 어떻게 했니?"

"혼자서 씩씩대다가 억지로 가라앉혔어요. 화를 내는 건 왠지 유치한 것 같아서요."

"맞아. 화를 내거나 속상해 하는 건 못난 사람들이나 하는 짓 같지. 그래서 그런 감정을 억누르게 되고 말이야."

"나쁜 감정은 다 그래요. 질투심이 생기거나 기분이 우울해지면 나도 모르게 화들짝 놀라서 일부러 기분을 바꾸려고 노력해요. 계속 그러고 있어 봤자 도움 될 게 하나도 없으니까요."

"나도 예전엔 그랬어. 그러다가 감정의 비밀을 알고부터는 달라졌지. 감정이란, 헤라클레스 앞에 떨어진 사과와 같거든."

"사과라고요?"

"잠깐 그 이야기를 들려줄게."

헤라클레스와 사과

옛날에 세상에서 가장 힘이 센 헤라클레스가 살았다.

어느 날 헤라클레스가 산길을 가다가 벼랑에 놓인 아주 좁은 길을 만났다. 그런데 그 길 한가운데에 찌그러진 사과 한 개가 놓여 있는 게 아닌가?

불쾌한 생각이 들어, 헤라클레스는 그걸 발로 툭 차 버렸다. 그랬더니 사과가 수박처럼 커다랗게 부풀었다.

화가 난 헤라클레스는 그걸 다시 발로 걷어찼다. 그랬더니, 사과는 어느새 바위만큼 커져 버렸다.

헤라클레스는 잔뜩 흥분해서 들고 있던 쇠몽둥이로 그걸 힘껏 내려쳤다. 그러자 사과가 집채만큼 커져서 좁은 길을 완전히 막아버렸다.

화가 난 헤라클레스는 씩씩대며 사과를 노려보았다.

그때 갑자기 아름다운 여신이 헤라클레스 앞에 나타나서는, 고운 목소리로 노래를 부르며 커다란 사과를 어루만지기 시작했다. 그러자 집채만 하던 사과가 순식간에 호두보다 더 작게 변하더니, 어느새 '펑'하고 사라져버렸다.

어리둥절해 하는 헤라클레스를 향해 여신이 미소를 지어 보이며 말했다.

"그 사과는 당신의 감정과 같아요. 억누르거나 부딪치면 자꾸 커지지만, 부드럽게 어루만지면 눈 깜짝할 사이에 사라지지요.

당신이 나쁘다고 여기는 것은 모두 당신의 마음속에서 우러난 것들이에요. 인정하고 다독거려 주세요. 그럼 어느새 감정이 스스로 풀린답니다!"

이야기를 다 마치고 형이 말했다.

"우리 마음속 감정은 이야기 속의 사과와 같아. 무시하고 부딪치면 자꾸 부풀어 오르고, 어루만지고 다독이면 금세 작아져. 그게 바로 감정의 비밀이야."

나는 고개를 갸웃거렸다.

"그런데 감정을 어떻게 어루만져요? 눈에 보이는 것도 아니잖아요?"

그 순간 내 머릿속에 커다란 공기 덩어리를 토닥이고 있는 내 모습이 떠올랐다. 싱긋 웃고 있는데 형이 말했다.

"감정을 어루만진다는 건 있는 그대로 인정해 주는 걸 말해. 감정이 떠오르면 자신에게 이렇게 말하는 거야. '그래, 난 어떤 감정이든 느낄 수 있어. 내 안에 있는 감정을 소중히 여길 거야. 참거나 무시하지 않고 있는 모습 그대로 인정해 줄 거야. 감정아, 실컷 이야기해 보렴. 내가 곁에서 조용히 들어줄 테니까'하고 말이야."

형은 자신의 낡은 수첩을 펼쳤다.

"이걸 한번 봐."

수첩을 들여다보니 이런 말이 적혀 있었다.

"인간의 감정에는 법칙이 있다. 인정이나 공감을 받지 못하면 감정은 변하지 않고 그 상태에 머물러 버린다. 반대로, 감정을 인정하고 소중히 여기면 저절로 좋은 상태로 변화한다."

내가 다 읽었을 때쯤, 형의 목소리가 들려왔다.

"유명한 심리학자 유진 T. 젠들린의 말이야. 난 감정의 법칙을 알게 된 후부터 화가 나도 억지로 참지 않게 됐어. 그 대신 스스로에게 이렇게 말하지. '지금 화가 많이 났구나. 맞아, 그럴 만도 해. 화를 내도 괜찮아. 그건 나쁜 게 아니니까' 그렇게 말하다 보면, 나도 모르게 기분이 좋아지곤 해.”

물은 감정을 알고 있다

형이 알려 준 감정의 비밀은 낯설지만 무척 신기했다. 여
태껏 나쁜 감정은 털어 버려야 한다고 믿었는데 말이다.
'나도 이제부턴 형이 가르쳐 준 대로 해야지. 그럼 좀 더
쉽게 몰입할 수 있겠지?' 그런 생각을 하고 있는데, 형이
미소를 지으며 말했다.

“다른 사람한테도 마찬가지야. 누군가 자신의 감정을 이
야기하면, 그냥 들어주고 공감해 주도록 해. 굳이 조언하
거나 반박하지 말고 말이야. 그럼 그 사람이 스스로 감정
을 정리해서 좋은 방향으로 생각할 수 있게 되거든.”
형이 말을 이어갔다.

“우리는 잘 모르지만 사실 사람의 말 속에는 엄청난 에너
지가 들어 있어. 속상해 하는 사람에게 건네는 '그렇구나,
많이 힘들었겠다'라는 말이 상대에게는 큰 힘이 되
거든.”

116

형은 낡은 수첩을 펼쳐 나란히 붙어 있는 사진 두 장을 보여 주었다.

나는 호기심이 생겼다.

"이게 뭐예요?"

"둘 다 물의 결정이야. 그런데 모양이 전혀 다르지?"

형이 사진 아래에 있는 글씨를 가리켰다. 한쪽엔 '사랑, 감사'라고 쓰여 있고, 다른 한쪽엔 '짜증나, 죽어 버릴 거야'라고 쓰여 있었다.

"에모토 마사루 박사의 《물은 답을 알고 있다》라는 책에 실린 사진이야. 물을 향해 말을 한 뒤 그걸 재빨리 얼려서 현미경으로 들여다보면 여러 모양의 결정이 보인다고 해. 왼쪽은 '사랑해요, 감사합니다'라는 말을 들려준 물인데 육각형의 아름다운 결정 모양이야. 그런데 오른쪽의 '짜증나, 죽어 버릴 거야'라는 말을 들려준 물은 이렇게 흐트러진 모양이 된대."

나는 신기해하며 양쪽 사진을 번갈아 보았다.

"정말 완전히 모양이 다르네요."

"에모토 박사는 물이 들어 있는 병에 글씨를 붙이는 실험도 했어. 한쪽엔 '감사합니다'라고 붙이고, 다른 한쪽엔 '미워'라고 붙인 다음 그 물을 얼려서 현미경으로 보았더니 말을 들려줬을 때랑 결과가 똑같았대."

"그렇구나!"

"우리 몸의 70퍼센트는 물로 이루어져 있어. 그걸 떠올리면 말이 왜 그렇게 큰 힘을 갖는지 쉽게 이해할 수 있을 거야. 몸과 마음은 바로 연결되어 있거든. 나 스스로에게 하든, 남에게 하든 마찬가지야. 다정하게 건네는 말 한마디가 순식간에 긴장을 풀어 주고 몸과 마음을 편안하게 만들 수 있지."

"그렇구나, 정말 신기하다."

나는 내 앞에 놓인 물컵을 물끄러미 들여다보았다.

'이 물도 여태껏 우리가 하는 말을 들었을까?'하고 생각하다가 문득 물이 마시고 싶어졌다.

물컵을 들어 올린 순간, 나는 웃음을 터뜨리고 말았다. 컵 받침에 '감사합니다'라고 적힌 쪽지가 붙어 있었기 때문이었다.

"하하, 형, 고마워요."

아름다운 결정들이 컵 속에서 반짝반짝 빛나고 있는 것
같아서 나는 기분 좋게 물을 쭉 들이켰다.

시도하지 않으면 아무것도 이룰 수 없다

내가 물컵을 내려놓자, 형이 웃으며 천장을 가리켰다.
"혹시 그 말 생각나니? 수업 첫날, 내가 잠깐 말했
었지?"
형의 손을 따라가니 하버드 깃발 아래 '자, 일이 재미있게
되어 가는군'이라는 문구가 보였다.
"사이토 뭐라는 사람의 말 아니에요? 일본 사람이었던 것
같은데……."
"맞아, 기억하고 있었구나! 바로 사이토 히토리가 즐겨 하
는 말이야. 무척 베일에 싸인 인물이지. 일본에서 세금을
많이 내기로 유명한 아주 큰 부자인데, 어디에도 모습을
드러내지 않고 아주 조용히 살고 있어. 그런데 신기한 건
그 사람과 가깝게 지내는 사람들이 다들 굉장한 부자가

되었다는 사실이야!"

"마음이 착해서 돈을 많이 나눠 주었나 보죠?"

"하하, 나도 처음엔 그런 줄 알았어. 그런데 알고 보니 그
게 아니었어. 사이토 히토리는 주위 사람들에게 에너지를
제대로 쓰는 법을 가르쳐 준 거야."

"에너지를 쓰는 법이요?"

형이 고개를 끄덕이더니 일어나서 책 한 권을 꺼내왔다.

"내가 참 좋아하는 책인데, 《부자 멘토와 꼬마 제자》라는
거야. 여덟 살 때 우연히 사이토 히토리를 만나서 젊은 나
이에 큰 부자가 된 오마타 간타라는 사람이 20년 가까이
배운 것을 글로 풀어놓은 것이지. 실패만 하는 말썽쟁이
간타에게 히토리가 항상 했던 말이 바로 저 말이야!"

나는 천장을 다시 올려다보았다. '자, 일이 재미있게 되어
가는군'이라는 말이 어떤 용도로 쓰였는지 몰라도, 간타
라는 사람이 어린 시절엔 그리 대단하지 않았다는 사실이
흥미로웠다. 왠지 나한테도 희망이 있는 것 같았기 때문
이었다. 책 표지를 들여다보며 내가 말했다.

"좀 더 이야기해 주세요."

"간타는 말린 생선이나 해물을 파는 부모님 아래서 자랐는데, 어릴 때부터 장사에 관심이 많았어. 그래서 일찌감치 부모님이 하시는 일을 도왔지. 그런데 성격이 워낙 급해서 말썽이 많았대."

"어떤 말썽이었는데요?"

"부모님을 믿고 가게 직원들 앞에서 잘난 척을 하다가 원성을 사기도 했고, 아무 효과도 없는 광고지를 뿌려서 가게에 큰 손해를 끼치기도 했어. 그렇게 실패한 뒤 쥐구멍에라도 들어가고 싶은 심정으로 히토리를 찾아가면, 히토리는 빙그레 웃으며 항상 이렇게 말했대. '괜찮다. 일이 재미있게 되어 가는구나'하고 말이야. 도전하지 않는 사람은 실패도 없다면서, 잘했다고 칭찬해 주었대."

나는 문득 간타가 부러워졌다. 성적이 떨어질 때마다 잔소리가 두 배씩 늘어나는 우리 엄마의 얼굴이 떠올랐기 때문이었다. 나도 누군가에게 그런 이야기를 듣는다면, 인생이 더 행복해질 것 같았다. 공부도 훨씬 재미있어지고 말이다.

"간타는 참 좋겠어요. 그렇게 격려해 주는 사람이 있어서요. 히토리 같은 사람이 가까이 있으면, 뭘 해도 조금은 덜 불안할 것 같아요."

"맞아. 우리는 실패할지도 모른다는 생각에 매일같이 마음을 졸이곤 해. 하지만 히토리는 실패해야 인생이 변한다는 걸 잘 알고 있었어. 여길 한 번 볼래? 히토리가 간타에게 한 말이야."

나는 형이 건네준 책 속의 페이지를 보았다. 거기엔 히토리가 했던 말이 쓰여 있었다.

"간타야, 인생이란 원래 실패의 연속이란다. 문제는 거기서 멈출 것인가, 다음 단계로 나아갈 것인가야. 이번 실패를 다음에 어떻게 활용할 것인지 생각할 수 있다면 실패를 즐길 수 있겠지. 뭔가 변한다는 건 멋진 일이야. 새로운 일이 기다리고 있는 거니까. 실패를 한 번 즐겨보렴. 세상에 불가능한 일은 없어. 하지만, 시도하지 않으면 아무것도 이룰 수 없겠지?"

책장을 덮으면서 형이 말했다.

"히토리는 나이가 많든 적든 자신과 이야기를 나누는 사람들을 친구로 여겼어. 하지만 섣불리 간섭하거나 조언하지 않았지. 혹시 실패하거나 낙심한 친구가 자신을 찾아오면, 마주 앉아 이야기를 들어 주었어. 고개를 끄덕이고 이해해 주면서 말이야."

울면서 이야기하는 간타 앞에서 고개를 끄덕이는 히토리의 모습이 떠올랐다. 그런 위로를 받으면 아무리 큰 실수를 했어도 다시 용기가 생길 것 같았다.

"아까 히토리가 에너지를 제대로 쓰는 법을 주위 사람들에게 가르쳤다고 했지? 우리가 실패할까 봐 불안해하면 몸과 마음이 긴장해서 엄청난 에너지를 소모하게 돼. 히토리는 그 사실을 친구들에게 알려 준 거야!"

형이 낡은 수첩을 다시 펼치더니 그 속에 적혀 있는 말을 보여 주었다.

"사람들은 흔히 실패할까 봐 불안해하고 짜증을 내고, 눈을 치켜뜨며 화를 내곤 합니다. 하지만 절대 실패하지 않

을 거라고, 일이 잘 풀릴 거라고 생각하면 그렇게 조바심을 낼 필요가 없지요. 어차피 나는 잘 될 것임을 굳게 믿기 때문에, 긴장하거나 화를 낼 필요가 없는 것입니다. 자신의 일이 잘 안될까 불안한 사람이나, 혹시 실패할까 봐 염려하는 사람들은 매일 엄청난 에너지를 들여가며 쓸데없이 긴장하거나 불안해하고, 걱정하며 자신에게 화를 냅니다."

"누가 한 말인지는 굳이 설명 안 해도 알 수 있겠지? 히토리는 이 말을 항상 친구들에게 들려주면서, 긴장하는 데쓸 에너지를 자신이 하는 일에 쏟아부으면 생각지도 못한 즐거움이 찾아온다고 말했어. 공부에 푹 빠지는 기쁨도 그 가운데 하나겠지."

형이 수첩을 덮으며 빙그레 웃었다.

"다음 수업은 너희 집에서 할 거야. 괜찮지? 좋은 날짜를 정해서 나한테 전화해 줘. 그럼 내가 갈게."

형은 현관 앞까지 배웅 나와서 숙제를 건네주었다.

나는 가만히 중얼거려 보았다.

"자, 일이 재미있게 되어 가는 걸."

그러자 마치 귓전에 이런 말이 들려오는 것 같았다.

'난 지금 자네가 자랑스럽다네. 아무것도 시도하지 않는 사람은 두려움도 없지. 하지만 그건 죽은 삶이야. 실패를 한 번 즐겨 보게나. 분명 잘 해낼 수 있을 걸세!'

나는 빙그레 웃으며 우리 집 대문을 올려다보았다.

🐱 오늘의 숙제

우리 말 속에 큰 에너지가 들어 있다니, 참 놀랍지? 자신의 감정을 향해 부드럽게 말을 건네면, 좋은 에너지가 우리 몸과 마음 구석구석에 전해지게 돼. 다른 사람에게도 좋은 말을 건네 봐. 그럼 그 에너지가 상대방과 나에게 동시에 전해질 거야!

오늘부터 닷새 동안 가장 속상했거나 힘들었던 일을 적고, 스스로에게 공감의 말을 건네 봐. "그래, 참 힘들었겠다."하고 말이야. 어느새 마음이 환해지는 게 느껴질 거야!

• 오늘 힘들었던 일에 대해 공감의 말을 건네 볼까요?

월 일 요일	오늘 힘들었던 일: 자신에게 건넨 공감의 말:
월 일 요일	오늘 힘들었던 일: 자신에게 건넨 공감의 말:
월 일 요일	오늘 힘들었던 일: 자신에게 건넨 공감의 말:
월 일 요일	오늘 힘들었던 일: 자신에게 건넨 공감의 말:
월 일 요일	오늘 힘들었던 일: 자신에게 건넨 공감의 말:

· *Chapter 05* ·

상상을 현실로 만드는 법

"마음이 원하는 길이란, 꿈을 향해 가는 길일 거야.
진정 원하는 것을 찾아낸 사람은
힘들어도 그 길을 갈 수 있거든."

상상을 현실로 만드는 법

마음이 원하는 길을 걷자

오늘은 아침부터 마음이 분주했다. 형이 오기로 한 날이었기 때문이다.

이번에는 내 방에서 수업을 한다고 하자 엄마는 어쩔 줄 몰라 하며 잔뜩 호들갑을 떠셨다.

"형이 우리 집에 온다고? 어머나, 그럼 점심 대접을 해야겠구나. 가만있자, 뭘 차리지? 잘 먹는 음식이 뭔지 그 집

어머니한테 슬쩍 물어봐야겠네!"

그러고는 사흘 전부터 집안 대청소를 시작하더니, 나한테
도 오만 가지 잔소리를 퍼붓기 시작했다.

"얘, 방은 다 치웠니? 창문도 깔끔하게 닦아놓으렴!"

"세상에, 책상 꼴이 이게 뭐야? 쯧쯧, 형이 흉보겠다!"

"침대 위도 정리해야지! 방문을 열면 당장 여기부터 보이
잖니?"

"어휴, 서랍 좀 봐. 이렇게 정신없이 두지 말고, 물건을 좀
보기 좋게 넣어 봐!"

"수업을 하려면 바닥에 상을 놓아야겠네? 어쩌나, 제대로
된 방석이 없는데……."

예전에 시골에서 할머니, 할아버지가 올라오셨을 때에도
이 정도 야단법석은 아니었다. 쉴 틈 없이 이어지는 간섭
에 나중엔 이런 생각까지 들었다.

'이럴 줄 알았으면 우리 집에서 수업하기 힘들다고 말할
걸. 그럼 이렇게까지 시달리지 않았을 텐데…….'

엄마가 5분에 한 번씩 방문을 열어젖힌 덕분에, 지저분한
내 방은 사람 사는 곳처럼 변해가고 있었다. 딱 한 군데,

책장만은 예외였지만 말이다.

"아이 참, 이걸 어디에 두지?"

아직도 책장 옆에는 갈 곳을 찾지 못한 책들이 한가득 쌓여 있었다. 나는 바닥에 있던 책을 한 아름 안고 책장을 기웃거렸다. 칸마다 알록달록한 문제집이 참고서와 함께 자리를 빽빽하게 차지하고 있었다. 한 달이 멀다 하고 새로운 것을 사들이는 내 습관 때문이었다.

한참 고민하다 시계를 보니, 이제 곧 형이 올 시간이었다. 하는 수 없이 나는 빈 공간 아무 데나 책을 쑤셔 넣고 책장 정리를 마무리했다.

몸에 묻은 먼지를 털며 방을 한 번 둘러보고 있을 때, 책상 옆에 걸린 메모판이 문득 눈에 띄었다. 첫 번째 수업을 한 뒤 형의 침대 옆에 붙어 있던 그림을 흉내 내어 달아 놓은 것이었다.

'괜히 무안하네. 그냥 떼버릴까? 근데 떼고 나면 어디에 두지?'

망설이고 있을 때 갑자기 '딩동'하고 초인종이 울렸다. 곧바로 엄마의 커다란 목소리가 들려왔다.

"얘, 형 왔다! 어서 나와라, 빨리!"

나는 아쉬운 눈길을 메모판에 던지며 잰 걸음으로 방을 나섰다. 활짝 열린 현관문 사이로 계단을 오르는 형이 보였다. 잠시 후, 형이 활짝 웃으며 안으로 들어섰다.

"안녕하세요? 그동안 잘 지내셨어요?"

형은 예의 바르게 꾸벅 인사한 뒤, 들고 있던 바구니를 조심스레 내밀었다.

"고구마예요. 저희 외삼촌이 근교에서 농사를 지으시거든요. 어머니께서 한 번 맛보시래요."

"어머, 고마워요. 나중에 뵈면 꼭 인사 드려야겠네. 자, 어서 들어와요."

선물까지 챙겨 온 마음 씀씀이에 엄마는 흠뻑 감동하신 모양이었다. 점심을 먹는 내내 형한테 이것저것 권하는 엄마의 얼굴에선 미소가 떠나질 않았다.

"여기가 네 방이구나."

드디어 우리가 방으로 들어섰을 때, 형이 미소 지으며 나에게 말했다. 엄마가 다섯 사람은 족히 먹을 만큼 점심을 푸짐하게 차려낸 데다, 입가심으로 과일을 꼭 먹어야 한다며 복숭아랑 포도를 쟁반 가득 내오시는 통에 형과 나는 꼼짝 없이 식탁 앞에 붙들려 있어야 했다.

"침대를 이쪽에 놓아두었구나."

방 여기저기를 둘러보는 형의 눈은 호기심으로 가득 차 있었다. 내가 다락방에 처음 간 날 그랬듯이 남의 방을 구경하는 건 누구에게나 색다른 경험인 것 같았다.

"어? 여기서 내 방이 보이네!"

형은 창틀에 바짝 붙어서 한동안 바깥을 쳐다보더니, 나를 향해 빙글 고개를 돌렸다.

"요즘 밤늦도록 불이 켜져 있던 곳이 바로 네 방이었구나, 맞지?"

생각지도 못한 물음에, 나는 어색하게 고개를 끄덕였다. 형한테 수업을 받은 이후로 집중하는 시간이 부쩍 늘어난 건 사실이었다. 컴퓨터 게임을 하느라 밤 시간을 보낸 적도 몇 번 있었지만 말이다.

"배가 조금 꺼졌으니 자리에 앉아 볼까?"

돌아서는 형의 눈길이 책상 옆에 걸어 놓은 커다란 메모판에 머물렀다. 형은 찬찬히 들여다보기 시작했다. 나는 얼른 변명하듯 말했다.

"그냥 한번 걸어 본 거예요. 형 방에 하버드 그림이 붙어 있길래⋯⋯."

"얼른 대학생이 되고 싶은가 보구나!"

메모판에 붙여놓은 대학교 사진과, '나는 대학생이다!'라고 쓴 문구를 보며 형이 말했다. 나는 얼굴이 화끈거렸다.

"제 성적으로 그런 데 가긴 힘들겠지만, 그래도 붙여 놓는 데는 돈 안 드니까⋯⋯."

그러자 형이 활짝 웃었다.

"좋은 시작을 한 거야. 바라는 걸 안다는 건 마음이 원하는 길에 들어선 거거든!"

"마음이 원하는 길이요?"

형은 방 한가운데 놓인 큰 상 앞에 앉았다. 그러고는 가방에서 낡은 수첩을 꺼내어 상 위에 올려놓으며 말했다.

"세상에는 수많은 사람들이 살고 있지만, 자신이 원하는 걸 제대로 아는 사람은 드물거든."

나는 고개를 갸웃거렸다. 다들 잘 알고 있는 것 같았기 때문이었다. 내 주위만 봐도 엄마는 언제나 내 성적이 남들에게 자랑할 만큼 훌쩍 오르길 바랐고, 아빠는 15년 가까이 다닌 회사에서 얼른 승진하길 원했다.

"각자 원하는 걸 알고 있지 않나요? 돈을 많이 벌거나, 좋은 성적을 받거나 하는 것들 말이에요."

"맞아. 그게 대부분 사람들의 소원일 거야. 그런데, 우리 마음에 귀를 기울이면 좀 더 구체적인 이야기가 들리기 시작해."

"구체적인 이야기요?"

"돈을 번다면 얼마나 벌고 싶은지, 어떤 일을 해서 부자가 되고 싶은지, 좋은 성적을 받아서 뭘 하고 싶은지, 혹은 나중에 커서 어떤 사람이 되고 싶은지 하는 것들 말이야!"

✳

형의 말을 듣다 보니, 조금 복잡한 심정이 되었다. 여태껏 성적을 올려서 좋은 대학에 들어가고, 나중에 큰 회사에 들어가 월급을 많이 받겠다는 생각만 했기 때문이었다.

"그러고 보니, 그 이상은 상상해 본 적이 없는 것 같아요. 그냥 막연하게, 남들한테 부끄럽지 않을 만큼만 되면 좋겠다고 생각했거든요."

형은 고개를 끄덕였다.

"맞아. 내가 침대 옆에 그림을 붙여 놓고 '나는 하버드생이다!'라는 말을 써넣을 때만 해도 난 그걸 꿈이라고만 생각했어. 이룰 순 없지만, 혼자서만 간직하는 비밀스러운 꿈 말이야."

조용히 웃으며 형은 말을 이어갔다.

"그런데 시간이 흘러 종이 빛깔이 바래 갈수록 오히려 내 마음속에는 조금씩 선명한 미래가 그려지더라고. 대학 졸업 후, 국제 학교를 세워 아이들이 행복하게 공부할 수 있는 곳을 만들어야겠다는 구체적인 미래가 말이야. 신기하지? 난 요즘 학교에서 교육학과 행정학 강의를 듣고 있어. 나중에 학교를 운영할 때 도움이 될 것 같아서 말이야!"

갑자기 형 주위에 환한 빛이 쏟아지는 듯했다. 자신의 꿈을 말하는 모습이 어느 때보다 환해 보였고, 형의 얼굴에 생기가 가득했다. 자신의 길을 찾은 사람의 행복감이 나한테도 전해지는 것 같았다.

"그게 아까 형이 말했던 '마음이 원하는 길'인가요? 저도
그런 걸 찾을 수 있을까요?"

자신 없는 목소리로 묻자, 형이 따뜻한 미소를 지었다.

"우린 원하는 걸 알고 있어. 다만 그걸 알아차리지 못할
뿐이지."

형은 낡은 노트 속의 한 페이지를 펼쳤다. 그러고는 거기
에 쓰인 말을 소리 내어 읽었다.

"우린 이미 자신이 원하는 바를 잘 알고 있습니다. 다만 그것
을 인정하는 게 두려울 뿐이지요. 인정을 하는 순간, 우리는
그것을 얻고자 행동해야 합니다. 아니면, 시도하지 않은 이
유에 대해 변명을 늘어놓아야 합니다. 둘 다 우리를 불편하
게 만들지요. 그래서 우리는 스스로에게 거짓말을 합니다.
'난 아직 아무것도 찾지 못했어'라고 말이죠."

형은 수첩을 덮으며 빙그레 웃었다.

"성공학 강사로 유명한 브라이언 트레이시의 말이야. 이

사람의 말처럼, 우리는 소중한 꿈을 품고 있지만 그걸 밖으로 꺼내는 게 두려워 일부러 모른 척 하는지도 몰라."

그 말이 맞을지 모른다는 생각이 머리 한구석을 스치고 지나갔다. 그러면서 마음속 깊숙이 숨어 있던 꿈이 나도 모르게 불쑥 떠올랐다. 책상 옆에 걸어 놓은 메모판을 흘끗 본 뒤, 나는 조용히 말했다.

"전 예전부터 꼬마들이랑 노는 게 참 좋았어요. 그래서 유치원 선생님이 되고 싶었어요. 그런데 나중에 보니까, 그건 남자한텐 불가능한 꿈이더라고요. 초등학교 5학년 때 장래 희망을 이야기하는 시간이 있었어요. 어떤 아이가 요리사가 되고 싶다고 했더니 다들 웃음을 터뜨리는 거예요. 그건 남자가 할 일이 아니라면서요. 그 아이가 놀림받는 걸 보고 덜컥 걱정이 됐어요. 그래서 저는 제 차례가 되자 얼른 꾸며서 소방관이 되고 싶다고 해 버렸어요. 그게 남자답게 보일 것 같아서요."

칭찬은 기적을 만든다

형은 부드러운 표정으로 내 말을 끝까지 들어 주었다. 묻거나 끼어들지도 않고 말이다. 그리고 이렇게 말했다.

"그랬구나!"

형이 말한 건 오직 그 한마디뿐이었지만, 나는 왠지 그 속에 담긴 형의 마음을 알 듯했다. "그랬구나. 어릴 때부터 품고 있던 꿈을 어쩔 수 없이 접어야 해서 정말 속상했겠구나. 그 자리에 내가 있었다면 결코 웃지 않았을 거야. 사람의 꿈은 그게 어떤 것이든 소중하니까 말이야!"하고 위로해 주는 것 같았기 때문이었다.

형을 만날 때마다 느끼는 거지만, 내가 이야기할 때 형은 항상 그렇게 들어주었다. 이야기를 듣는 형의 눈빛은 따뜻했고, 무슨 말을 하더라도 비난하지 않을 거라는 믿음이 있었다.

"내가 아는 분 중에 유치원 선생님을 했던 남자 분이 계셔. 대학에서 아동학을 전공하고 유치원에서 아이들을 가르쳤지. 지금은 어린이 책을 만들고 계시는데 언젠간 고

아원을 만들어 부모 없는 아이들을 돌보고 싶으시대. 또 고아원에는 하늘이 보이는 창문을 내서 아이들이 누우면 별을 볼 수 있게 하고 싶다고도 하셨어."

그 말을 들으면서, 내가 소소하게 여겼던 꿈이 사실은 작은 게 아닐지도 모른다는 생각에 가슴이 뜨거워졌다. 말은 안 했지만, 왠지 잃어버린 꿈을 되찾은 듯한 느낌이었다. 나중에 수업이 끝나면 아동학과가 어느 대학에 있는지 찾아봐야겠다고 마음먹고 있는데, 형의 말이 들려왔다.

"마음이 원하는 길이란, 아마도 꿈을 향해 걸어가는 길일 거야. 진정 원하는 것을 찾아낸 사람은 힘들어도 그 길을 갈 수 있거든. 이런 말도 있잖아. '좋아하는 일을 하는 게 바로 인생에서 성공한 것이다'라고 말이야!"

그 말을 들으며 빙그레 웃고 있는데, 형이 갑자기 장난스러운 표정을 지었다.

"천재 물리학자 알버트 아인슈타인 알지? 그 사람이 가장 좋아하는 일이 무엇이었는지 아니?"

"글쎄요, 공부하는 거요?"

넌센스 퀴즈인가 싶어 머리를 굴리는데, 형이 말했다.

"풀밭에 누워서 멍하게 생각하는 거였어!"

"에이, 웃자고 한 이야기죠?"

"하하, 아니야. 책에도 나오는 진짜 이야기라고!"

나는 눈을 동그랗게 뜨고 형을 쳐다보았다.

"정말이에요?"

"아인슈타인은 혼자 시간을 보내는 걸 좋아했어. 햇볕이 잘 드는 풀밭에 누워 '우주선을 타고 빛의 속도로 달리면 대체 어떤 일이 벌어질까?' 같은 생각을 하곤 했지. 그렇게 매일같이 빈둥거리는 걸 다른 사람들은 이해하지 못했지만, 몇 년이 지난 뒤 그의 머릿속에서 '상대성 원리'라는 이론이 태어났어. 세상을 바꿀 만큼 대단한 발견이었지. '좋아하는 일을 하는 게 바로 성공'이라는 말을 아인슈타인이 몸소 보여 준 거야!"

✦

형의 말을 들으면서, 예전에 아인슈타인에 관해 읽었던 게 기억났다. 그가 상대성 원리를 처음 발표했을 때 그 이론을 이해한 사람이 전 세계에서 열 명 정도에 불과했다는 이야기 말이다. 그런 대단한 발견이 겨우 풀밭에서 이루어진 거라니 참 알다가도 모를 일이었다.

"그런데 아인슈타인의 부모님은 아무 말씀도 안 했을까요? 아들이 멍한 모습으로 온종일 지내는데 말이에요."

"다행스럽게도 그의 부모님은 '칭찬의 힘'을 아는 분들이었어."

"칭찬의 힘이요?"

대답 대신 형이 물었다.

"혹시 아인슈타인이 열등생이었던 걸 알고 있니?"

"에이, 말도 안돼요!"

"거짓말이 아니야. 아인슈타인은 네 살 때까지 말을 잘 못했어. 말문이 트인 후에도 한동안 말을 더듬어서 학교 생활이 힘들었지. 초등학교 때 아인슈타인을 가르쳤던 선생님이 성적표에 이런 말을 적어 보냈대. '이 아이는 어떤 일을 해도 좀처럼 성공하기 힘들 겁니다'라고 말이야."

"그런 사람이 어떻게 물리학자가 될 수 있었죠?"

"그 글을 읽고 아인슈타인의 어머니가 이렇게 말했대. '얘야, 성적표를 보니 너는 여느 아이들과는 다른 재능을 지닌 게 틀림없구나. 그래, 남들과 똑같다면 결코 성공할 수 없지. 넌 장차 아주 특별한 성공을 일구어 낼 게다. 난 알고 있단다!' 그러면서 아들이 조금이라도 잘하는 게 있으면 항상 칭찬하면서 용기를 북돋워 주었대. 그런 배려가 어눌했던 열등생을 천재 물리학자로 변모시킨 거지."

대단한 어머니라고 생각하고 있는데, 형이 불쑥 물었다.

"혹시 스스로를 칭찬해 본 적 있니?"

"네?"

나는 당황한 표정으로 형을 보았다. 질문의 뜻을 모르는 건 아니었지만, 왠지 어색한 느낌이 들었기 때문이었다. 형이 이야기했다.

"사람이 태어나서 성인이 될 때까지 부정적인 이야기를 몇 번이나 들을 것 같니?"

"부정적인 이야기요? 혼나거나 욕먹는 것 말이에요?"

"응, 단점에 관한 이야기나 잔소리도 포함해서 말이야."

"글쎄요, 한 1천 번 정도? 아니, 1만 번이요!"

오늘 아침에 엄마한테 들은 잔소리를 떠올리며 얼른 대답했다. 그러자 형이 말했다.

"약 14만 번 정도야. 특별한 상황이 아닌 아주 평범한 가정에서 말이야."

놀라는 나를 보며 형이 말을 이어갔다.

"성인이 되는 시점을 스무 살 정도라고 보면, 하루에 20번 가까이 부정적인 말을 듣는 셈이야. 그러다 보니 스스로를 못난 사람으로 여기게 되고, 어쩌다 듣는 칭찬의 말은 인사치레나 거짓말로 느끼는 거지."

형은 낡은 수첩을 펼쳐서 신문에서 오려낸 듯한 한 장의 사진을 보여 주었다. 내가 그걸 보며 물었다.

"누구예요? 꽤 옛날 사진인 것 같은데⋯⋯."

"헬렌 켈러야. 어릴 때 모습인데, 함께 있는 사람이 설리번 선생님이지."

"아, 그렇구나!"

아기 때 열병을 앓아 눈이 멀고 귀가 먹은 헬렌 켈러가 설리번 선생님을 만나 나중에 대학교수까지 되었다는 이야기는 나도 알고 있었다. 하지만 사진으로 보는 건 처음이라 신기했다.

"자신에 대해 칭찬하는 숙제가 있다면 몇 가지 정도나 찾을 수 있을 것 같니?"

벌써 숙제 이야기를 꺼내나 싶어 나는 흘끗 시계를 보았다. 그랬더니 형이 빙그레 웃으며 말했다.

"헬렌 켈러는 스스로에 대해 칭찬하는 말을 3천 가지나 찾아냈대."

"네? 3천 가지나요?"

청소만 잘해도 인생이 멋지게 바뀐다

나는 입을 떡 벌린 채 얼른 머릿속으로 내 장점을 헤아려 보았다. 하지만 아무리 박박 긁어모아도 겨우 열 가지가 될까 말까 했다.

'이게 다 엄마의 잔소리 때문이야'라는 생각을 하며 비참해 하고 있는데 형이 물었다.

"왜 갑자기 풀이 죽었니?"

"그게……, 제 자신이 너무 한심해서요. 장점은 별로 없고 단점만 수두룩한 것 같아요."

그러자 형이 환한 표정을 지어 보였다.

"괜찮아. 장점도 단점도 모두 소중한 네 모습인걸. 그리고 그 둘을 딱 잘라 구분하기도 어려워."

장점은 장점이고 단점은 단점이지 그게 대체 무슨 말인가 궁금해 하고 있는데 형이 말했다.

"사실, 장점과 단점은 동전의 양면과도 같거든."

"동전의 양면이라고요?"

"응. 한 가지 특성이 상황에 따라 장점도 되고 단점도 되는 거야."

내가 점점 더 모르겠다는 표정을 짓자, 형이 얼른 설명을 해 주었다.

"의지가 강한 사람을 떠올려 봐. 상황이 어려울 때 그 의지는 분명 큰 장점이 될 거야. 흔들림 없이 앞으로 나아갈 수 있으니까 말이야. 하지만 그런 사람일수록 고집도 세기 때문에 자칫 잘못된 판단을 밀고 나갈 우려도 커. 그럴 땐 강한 의지가 단점이 되지."

형은 한 가지 예를 더 들었다.

"우유부단한 사람도 마찬가지야. 상황이 다급할 땐 그런 면이 단점이 되지만, 신중한 판단이 필요할 땐 오히려 장점이 될 수 있어. 여러 사람의 의견에 차근차근 귀 기울일 수 있거든."

장점과 단점이 딱 정해진 게 아니라는 형의 말을 들으니 왠지 모르게 안심이 됐다. 내가 가진 수많은 단점들이 조금은 쓸모 있을지도 모른다는 생각이 들어서였다. 그러다 문득 궁금해졌다.

"형, 그런데요, 아무리 해도 도무지 장점으로 바뀌지 않는 단점들은 어떻게 해요? 약속에 자주 늦는다든지, 집중력이 부족하다든지, 뭐 그런 것들이요."

"그럴 땐 최강의 방법을 써야지. '스스로 안아 주기'말이야!"

"네?"

형이 수업 시간에 하는 이야기들은 대부분 낯설어서 한번에 알아듣기 힘들었다. 고개를 갸웃거리는 나를 보며 형이 말을 이어갔다.

"스스로 안아 주는 건 단점을 있는 그대로 받아들이는 걸 말해. 바꿀 수 없는 단점 때문에 속상하거나 슬퍼지면, 자신을 향해 가만히 속삭이는 거지. '그래, 단점아, 내 안에 네가 있다는 걸 잘 알고 있어. 속상할 때도 있고 슬플 때도 있지만, 그래도 난 너를 있는 그대로 받아들일 거야. 너도 나의 소중한 부분이니까'하고 말이야."

그 말을 들으니, 문득 지난 시간에 배운 게 생각났다.

"왠지 알 것 같아요. 지난 수업에 들었던 감정을 어루만지는 거랑 비슷한 거죠?"

형이 고개를 끄덕였다.

"맞아. 모든 문제를 해결하는 첫 걸음은 있는 그대로 받아들이는 데 있어. 나쁜 감정이든 고칠 수 없는 단점이든 그걸 판단하거나 비난하지 않고 가만히 바라보면 그때부터 그것들이 좋은 방향으로 흘러가지. 그걸 알아차렸다니, 여태까지 함께한 시간들이 결코 헛되지 않았구나!"

형이 내 머리를 쓰다듬어 주자 나는 얼굴이 빨개졌다. 형이 말했다.

"이제 다음 시간이면, 우리 수업도 마지막이야."

"네? 마지막이요?"

나는 화들짝 놀라 고개를 들었다. 형이 나를 따뜻한 표정으로 바라보고 있었다. 하지만 난 미소를 지을 수가 없었다. 언젠가는 끝날 걸 알고 있었지만, 너무 갑작스럽다는 생각에 서운한 마음이 사정없이 밀려왔다.

"다음이 정말 마지막이에요?"

나는 바보처럼 한 번 더 물었다.

"응, 내가 알고 있는 건 거의 다 가르쳤어. 다음 시간에 가장 중요한 걸 배우고 나면 넌 이제 나 없이도 잘 할 수 있을 거야."

✳

그렇게 말하면서 형은 자리에서 일어섰다. 형이 오늘따라 더 커 보였다. 생각해 보니, 형이랑 만난 지도 벌써 한 달이 넘어가고 있었다. 이제 곧 여름 방학이 끝나면 형은 미국으로 가고 난 다시 학교 생활로 돌아갈 것이다.

형을 따라 나도 자리에서 일어났다. 매번 형이 그랬던 것처럼 현관까지 배웅할 작정이었다. 그런데 형은 방을 나가지 않고 벽 쪽에 놓인 책장 앞으로 가더니, 거기에 꽂힌 책을 둘러보기 시작했다.

형의 눈길이 아무렇게나 책을 쑤셔 넣어 둔 칸에 머물렀을 때, 얼굴이 화끈 달아올랐다. 형은 책 한 권을 뽑아 책장을 넘겨보더니, 또 다른 책을 뽑아서 들여다보았다. 그러고는 빙그레 웃으며 말했다.

"이 칸에는 새 참고서랑 문제집만 따로 모아 두었구나!"

"아, 그게요……."

나는 잠깐 동안 망설이다가 그냥 사실대로 털어놓기로 마음먹었다. 있는 그대로 인정하는 게 가장 좋은 해결책이라고 하지 않았는가!

"사실, 이 책장은 거의 손도 대지 않은 참고서랑 문제집으로 가득해요. 새로운 게 나올 때마다 얼른 사 버려야 안심이 되거든요. 매번 후회하면서도 안 사면 불안해서 또 서점을 기웃거리게 돼요."

"맞아. 예전에 나도 그랬어."

형은 고개를 끄덕이더니 책상 앞에 놓여 있던 의자에 앉아 책장을 물끄러미 쳐다보기 시작했다. 나는 침대에 털썩 앉아서 형을 기다렸다. 한참 뒤, 형이 나를 돌아보며 말했다.

"혹시 '청소의 힘'이라는 말 들어 봤니?"

"청소의 힘이요? 그게 뭔데요?"

"필요 없는 걸 버리고 깨끗이 청소하면 인생이 멋지게 바뀌게 되거든. 그게 바로 청소의 힘이야!"

겨우 청소하는 걸로 인생이 바뀐다니, 예전 같으면 코웃음을 쳤겠지만 뭔가 내가 모르는 의미가 있을 것 같았다. 내가 잠자코 듣고 있자 형이 말을 이어갔다.

"1980년대, 뉴욕 시는 범죄의 온상이었어. 한 해에 60만 건 이상의 사건이 일어날 정도였으니 말이야. 그런데 90년대에 들어와 범죄 건수가 급격히 줄어들었어. 그 원인이 무엇이었을까?"

"글쎄요."

뭔가 대단한 범죄 소탕 작전이 있었겠거니 생각하며 나는 고개를 저었다. 그러자 형이 빙그레 웃으며 말했다.

"바로 청소였어."

"네? 정말이에요?"

나는 두 눈을 휘둥그레 뜨고 형을 보았다.

"그 당시 데이비드 칸이라는 사람이 뉴욕 시의 새로운 교통국장이 되었는데, 그 사람이 제일 처음 지시한 일이 지하철 역사 주변의 낙서를 지우고 쌓인 쓰레기를 청소하는 거였어. 그런데 주변이 깨끗해지면서 놀라운 일이 생겼어. 지하철에서 벌어지던 범죄 사건이 75퍼센트나 줄어든 거야!"

청소가 범죄를 줄였다니, 정말 믿기 어려운 일이었다. 형이 밝은 표정으로 말을 이어 갔다.

"세상의 모든 것은 서로를 끌어당기는 법이야. 좋은 것은 좋은 것을 끌어당기고, 나쁜 것은 나쁜 것을 끌어당기지. 우리는 보통 1만 개가 넘는 물건을 갖고 있어. 그 가운데 대부분은 쓸모없는 것들이지. '언젠간 필요할지도 몰라' 하면서 버리는 것을 아까워하면, 결국 필요 없는 것이 주변에 쌓이게 돼. 그것들이 공간을 낭비하고, 우리 생각을 복잡하게 만들지."

의자에서 일어나며 형이 말했다.

"청소가 때론 기적을 만들어. 화장실을 정성껏 청소한 뒤 10년 넘게 고생했던 변비가 고쳐지고, 사무실을 청소한 뒤 기울어 가던 회사가 다시 살아나기도 해. 공부도 마찬가지야. 방을 청소하면 좋은 일이 생기기 시작해. 믿기 힘들겠지만, 그게 바로 청소의 힘이야!"

형을 따라 방문을 나서면서 나는 책장을 흘끗 보았다. 언젠가 필요할지도 모른다는 생각에 버리지 못하고 모아 둔 책들이 책장을 가득 메우고 있었다. 형이 말하지 않아도 이번 숙제가 무엇인지 알 수 있었다.

✳

대문 앞까지 형을 배웅한 뒤, 나는 동네 슈퍼에 가서 커다란 종이 상자를 다섯 개나 얻어 왔다. 그날 저녁, 공구함에서 찾아낸 목장갑까지 끼고 책장을 한창 뒤적이고 있는데, 엄마가 방문을 빼꼼 열었다.

"얘, 지금 뭐하니? 아까부터 방에서 꼼짝도 하지 않고?"

그러더니 화들짝 놀란 표정으로 잔소리를 하셨다.

"어휴, 방 꼴이 이게 뭐니? 겨우 사람 사는 곳처럼 되었나 싶더니."

온통 헤집어 놓은 책장을 보고 엄마는 기가 막힌 모양이었다. 나는 빙그레 웃으며 말했다.

"형이 내준 숙제예요. 내일 아침까지 다 정리할 테니 너무 걱정 마세요."

엄마가 영 못 미더워하는 표정으로 방문을 닫은 뒤, 나는 하던 청소를 다시 이어 갔다.

"휴, 보지도 않는 책을 이렇게나 쌓아 뒀네. 여길 다 정리하면 책상 속이랑 침대 아래도 몽땅 치워야지."

깔끔해진 내 방을 상상하며 나는 부지런히 손을 놀렸다. '정리를 한다는 게 이렇게 신나는 일인지 왜 진작 몰랐을까?'하면서 말이다. 내일 아침이 되면, 아마 이 책장엔 책이 스무 권도 남아 있지 않을 것이다. 잡동사니로 가득 찬 책상 서랍도 마찬가지고 말이다.

문득 오늘 내 방에서 수업을 한 게 우연은 아닌 것 같다는 생각이 스쳤다. 아무래도 이따가 슈퍼에 가서 종이 상자를 세 개는 더 얻어 와야 할 것 같았다.

· *Chapter 06* ·

작은 깨달음을 크게 나누는 법

"나누는 삶은 우리가 생각지도 못했던 결과를 낳곤 해.
그걸 '나눔의 비밀'이라고 하지.
나눌수록 늘어나는 신비한 일이 일어나거든."

작은 깨달음을 크게 나누는 법

한 걸음 더 나아가자

"형, 저 왔어요. 안에 계세요?"

내가 다락방 문을 똑똑 두드리자 귀에 익숙한 목소리가
들렸다.

"응, 어서 들어와."

나는 아주머니가 계단참에서 들려주신 쟁반을 한 손에 받
쳐 들고, 다른 한 손으로 조심스레 방문을 열었다. 형이

환하게 웃는 얼굴로 나를 맞았다.

"일찍 왔구나. 왠지 표정이 밝은데? 뭐 후련한 일 있니?"

알면서도 물어보는 형의 목소리는 다정했다. 주스와 과일이 담긴 쟁반을 탁자 위에 내려놓으며 나는 대답했다.

"어제 드디어 방 정리를 마쳤거든요. 처음엔 하루면 될 줄 알았는데, 생각보다 시간이 걸리더라고요. 책장에서 필요 없는 책을 모두 골라내고, 안 입는 옷도 옷장에서 몽땅 꺼냈어요. 책상 서랍이랑 침대 아래에 있던 물건도 전부 정리했고요."

나는 비스듬히 메고 있던 가방을 내려놓고 포크로 사과 한쪽을 찍어 먹으며 말을 이었다.

"방 청소를 하는데 정말 깜짝 놀랐어요. 구석구석에서 먼지가 얼마나 나오던지, 여태 내가 이런 데서 지냈나 싶더라고요. 그러고는 오늘 아침에 눈을 떴는데, 여기저기 반짝반짝 빛이 나는 게 꼭 내 방이 아닌 것 같은 거 있죠? 왠지 방 안 공기까지 달라진 느낌이었어요. 어때요, 이만 하면 숙제는 확실하게 한 셈이죠?"

"하하, 정말 큰일을 해냈구나!"

형은 활짝 웃으며 내 머리를 쓱쓱 쓰다듬어 주었다. 나도 덩달아 웃다가, 방 한구석에 처박아 둔 상자 생각이 스르르 떠올랐다.

"그런데……, 한 가지 골칫거리가 생겼어요."

"골칫거리? 그게 뭔데?"

형이 눈을 동그랗게 뜨는 바람에 나는 얼른 뒷말을 쏟아 냈다.

"그게, 정리하면서 나온 물건을 어떻게 해야 할지 잘 모르겠어요. 커다란 종이 상자 다섯 개에 나눠 넣고 방 한 쪽에 쌓아 두긴 했는데, 그냥 버리기엔 아깝고 그렇다고 딱히 남한테 줄 수 있는 것도 아니고."

"커다란 상자 다섯 개라고? 정말 이번 기회에 맘먹고 단단히 정리를 했구나!"

"네. 처음엔 이걸 언제 다 하나 싶었는데, 막상 덤벼드니 나도 모르게 자꾸 기운이 났어요. 그게 참 신기하더라고요. 책도 그렇고, 물건도 그렇고, 정리하면서 많이 반성했어요. 필요도 없는데 사 모은 것들이 꽤 되더라고요. 거의 새거나 다름없는데 상자 속에 들어간 물건도 많아요."

"맞아, 청소를 한 번 하고 나면 오히려 물건 보는 눈이 생기지. 책이든 학용품이든 여러 번 생각한 뒤에 사게 되거든. 그래, 필요 없는 물건이 제법 많단 말이지?"

형은 곰곰이 생각하더니, 고개를 반짝 들고 밝은 표정으로 말했다.

"해결 됐다! 자선 단체에 기부하면 어떨까?"

"자선 단체요? 에이, 다 팔아 봤자 얼마 되지도 않을 걸요? 못해도 백만 원은 돼야 그런 데 명함을 내밀지요."

그러자 형이 싱긋 웃었다.

"물건을 팔아서 돈을 만들라는 게 아니야. 상자에 든 걸 통째로 보내라는 거야. 깨끗하게 사용한 것들이라면 얼마든지 기부할 수 있거든!"

"네? 물건을 그냥 보낸다고요?"

쓰던 것을 기부해도 된다는 말에 나는 조금 어리둥절했다. 내가 알고 있던 것과는 영 달랐기 때문이었다.

"원래 기부라고 하면 꽤 많은 돈을 내놓는 걸 말하지 않나요? 예전에 그런 기사를 읽은 적이 있어요. 어떤 할머니가 평생 모은 재산을 대학에 기부했다고요. 그런데 새것도 아니고, 헌 물건을 보내는 건 좀……."

"맞아, 다들 그렇게 생각할 거야. 혹시 '엑스트라 마일'에 대해 들어본 적 있니?"

"엑스트라 마일이요?"

"백악관 근처에 엑스트라 마일이라는 길이 있는데, 사람 얼굴을 새긴 동판이 길가에 박혀 있어."

나는 얼핏 영화 속에서 활약하는 단역 배우들의 모습을 떠올렸다. 혹시 유명한 엑스트라들의 얼굴을 새겨 놓았나 생각하고 있는데 형이 말했다.

"엑스트라 마일은 남보다 한 걸음 더 나아간 사람들의 길이야."

"한 걸음 더 갔다고요?"

"응, 사회를 위해 봉사한 사람들을 그렇게 표현하거든. 다른 사람들이 멈춰 서 있을 때 그들은 기꺼이 한 걸음을 더 내디뎌 어려운 이들의 곁으로 다가갔다는 뜻이지. 미국 적십자사를 만들어 인종과 종교를 초월한 클라라 바턴,

세계 최초의 봉사 단체인 로터리 클럽을 세운 폴 해리스, 기부의 개념을 바꾼 굿윌 인더스트리의 창시자 에드거 헬름 등이 그 주인공이야. 지금까지 스무 명이 넘는 사람들이 새겨졌지. 앞으로 70명이 될 때까지 계속 동판을 새길 계획이라고 해. 참, 시각장애인을 위한 재단을 이끈 헬렌 켈러의 얼굴도 있어."

"우리나라 사람도 있어요?"

"그 길에 있는 사람들은 모두 미국 국적을 가졌어. 하지만 그 뜻이 미국을 넘어 세계로 펼쳐진 만큼 언젠가는 미국에 살고 있는 우리 핏줄 가운데서도 그 동판의 주인공이 나올지 몰라. 엑스트라 마일을 만든 협회에서 그 길에 어울리는 인물을 계속 추천받고 있거든."

✻

형은 낡은 수첩을 펼쳐서 사진 하나를 보여 주었다. 점잖은 신사가 새겨진 동판 위쪽에 'The Extra Mile'이라는 글씨가 선명하게 쓰여 있었다.

"이분이 굿윌 인더스트리를 세운 에드거 헬름 박사야."

사진을 보니, 동판 주인공의 이름 아래 'Founded Go-odwill Industries in 1902'라는 글씨가 보였다.

"이건 무슨 뜻이에요?"

"이건 헬름 박사가 1902년에 굿윌 인더스트리를 세웠다는 뜻이야."

"1902년에 세웠다고요? 그럼 백 년도 더 됐겠네요?"

"맞아, 지난 2002년에 창립 백 주년을 맞았어. 미국 보스턴의 한 빈민가에서 시작된 곳이 사회봉사의 역사를 새로 쓴 거지. 참, 이 사진은 굿윌 코리아 홈페이지에 실려 있던 거야."

"네? 한국에도 있어요?"

"응, 굿윌 인더스트리는 전 세계에서 다섯 손가락 안에 꼽히는 대규모 봉사 단체야. 미국 전역에 2천 개가 넘는 굿윌이 있고, 아시아, 유럽, 라틴아메리카에도 굿윌 매장이 있어. 생전에 헬름 박사는 세계 곳곳을 누비며 굿윌을 전하기 위해 애썼어. 하지만 굿윌이 이렇게까지 성장하리라고는 그 누구도 상상하지 못했을 거야."

감탄을 하며 설명을 듣다가 문득 궁금해졌다.

"굿윌이 하는 일이 구체적으로 뭐예요?"

"참, 그 설명을 빠트렸구나. 사람들에게 일자리를 만들어 주는 거야."

"일자리를 만들어 준다고요?"

생각보다 너무 간단한 대답에 나는 맥이 빠졌다. 백 년 전통을 자랑하는 세계적인 단체가 하는 일 치고는 너무 간단해 보였기 때문이었다. 나는 얼른 다시 물었다.

"그것 말고는요?"

"원하는 사람에게 일할 기회를 주는 것이 굿윌이 하는 가장 중요한 일이야. 얼핏 단순해 보여도 큰 시행착오 끝에 시작된 일이었지. 지금은 매년 수십만 명의 사람에게 일자리를 찾아 주고 있지만 처음 시작은 그리 순조롭지 않았어."

"왜요?"

"사람들이 원하는 걸 제대로 파악하지 못했거든."

내가 잘 모르겠다는 표정을 짓자 형이 자상하게 설명을 해 주었다.

"내가 아까 보스턴 빈민가에서 굿윌이 처음 시작됐다고

했지? 그곳이 헬름 박사가 목사로서 첫 활동을 시작한 곳이었는데, 당시 그는 서른아홉 살이었어."

'그렇게 젊은 나이는 아니었구나'하고 생각하는데, 형이 말을 이어갔다.

"사실 그때 헬름 박사는 신문사 사장으로 이미 이름을 떨치고 있었어. 그런데 다시 신학을 공부해 새롭게 목사의 길을 걷기 시작한 거지."

형은 낡은 수첩을 한 장 넘겨서 그 안에 적힌 이야기를 들려주었다.

 ## 성탄절 무렵에 생긴 일

어느 해 겨울, 헬름 목사가 교회에 모인 사람들에게 말했다.

"여러분, 이번 크리스마스에는 의미 있는 행사를 한 가지 해 봅시다. 여러분들 가정에서 쓰지 않는 물건이나 헌 옷을 모아 형편이 어려운 사람들에게 나누어 주면 어떨까요?"

사람들은 좋은 생각이라며 다들 고개를 끄덕였다. 그러고는 다음 날부터 헌 옷가지와 물건을 교회로 가져오기 시작했다.

예나 지금이나 집안 곳곳엔 갈 곳 없는 물건이 쌓여 있게 마련이었다.

오래지 않아 교회 안에는 더 이상 둘 곳이 없을 정도로 많은 물건이 모였다. 그 광경을 보며, 헬름 목사는 흐뭇하게 생각했다.

'그래. 당장 이 물건들을 빈민가 사람들에게 나누어 주자!'

당시 헬름 목사가 있던 보스턴의 모건 교회는 부자들과 빈민들이 뒤섞여 사는 지역에 자리 잡고 있었다. 빈민들은 외국에서 온 이민자나 배움이 부족한 사람들이 대부분이었다. 그들은 한 끼 식사를 걱정할 정도로 빈곤한 생활을 하고 있었다.

이튿날, 헬름 목사는 빈민가를 찾아갔다.

"여러분, 어서 이 물건들을 가져가세요. 모두 여러분을 위한 겁니다!"

목청껏 외치면서 헬름 목사는 생각했다.

'길거리에 사람들이 제법 많은 걸. 이러다 물건이 모자라는 건 아닐까?'

하지만 그건 혼자만의 착각이었다.

온종일 목소리를 높여댔지만, 웬일인지 물건은 줄어들지 않았다. 가끔 쭈뼛대며 다가와 장난감을 골라가는 아이들은 있었지만, 어른들은 좀처럼 관심을 보이지 않았다. 가까이 다가가 물건을 건네 보아도, 그들은 별로 반기는 눈치가 아니었다.

'도대체 왜들 그러는 걸까?'

고스란히 쌓여 있는 물건을 보니, 헬름 목사는 답답한 마음이 들었다.

그때였다. 물건 쪽으로 한 사람이 다가왔다. 그 사람은 허름한 옷에 몹시 낡은 구두를 신고 있었다. 헬름 목사는 기대에 찬 눈으로 그 사람을 보았다. 그 사람은 옷가지를 한두 개 보는 듯하더니, 이내 한숨을 쉬었다. 그러고는 아무것도 고르지 않은 채 그 자리를 떠났다.

헬름 목사는 깜짝 놀라서 그 사람을 쫓아갔다.

"아니, 왜 물건을 가져가지 않는 겁니까? 모두 공짜예요!"

안타까워하는 헬름 목사를 향해 그 사람이 지친 목소리로 입을 열었다.

"저런 걸 가져가도 별 소용이 없으니까요."

"아니, 왜요? 거의 새것이나 다름없는 물건도 많아요!"

그러자 그 사람이 고개를 저었다.

"제 말뜻은 물건 한두 가지론 바뀔 게 없다는 말이에요."

"바뀔 게 없다고요?"

"네. 공짜 물건이 가난을 해결해 주는 건 아니니까요. 온 가족의 배고픔을 해결하려면 돈을 벌어야 하는데, 우리 같은 사람한테 누가 제대로 된 일자리를 주겠어요? 누군가 크리스마스 선물을 준다면, 그게 바로 일자리였으면 좋겠어요. 감히 꿈도 못 꿀 일이지만요."

말을 마친 그 사람은 집을 향해 총총히 걸음을 옮겼다. 하지만 헬름 목사는 마치 얼어붙은 듯 그 자리에 가만히 서 있었다.

며칠 뒤, 헬름 목사가 가까운 사람들을 불러 모았다. 그의 얼굴에는 고민의 흔적이 역력했지만 왠지 밝은 표정이었다.

"아무래도 빈민가에 가게를 열어야겠습니다. 중고품 가게를 말이에요."

"거기서 뭘 팔지요?"

"기증받은 헌 옷과 물건들을 아주 싼값에 판매할 겁니다. 잘 손질해서 진열해 놓으면 분명히 잘 팔릴 거예요."

그러자 걱정스러운 표정으로 누군가 물었다.

"그걸 다 어떻게 손질하지요? 물건이 한두 가지가 아닐 텐데……. 게다가 당장 끼니를 굶는 사람들이 무슨 돈이 있어서 물건을 사겠어요?"

그러자 헬름 목사가 환한 얼굴로 대답했다.

"맞습니다. 그게 바로 이 가게를 여는 이유예요. 옷이나 물건을 손질하는 일을 빈민가 사람들한테 맡길 겁니다. 그러면 그들한테 일자리가 생기고, 물건을 살 돈이 생길 거예요. 그들이 바라는 건 성탄절에 나눠 주는 공짜 물건이 아니에요. 바로 땀 흘려 일하고 그 대가로 돈을 받는 일자리랍니다!"

한 번에 한 사람씩, 4만 2천 명을 붙잡다

이야기는 거기까지였다. 수첩을 덮으면서 형이 말했다.

"가게 이름은 '굿윌 인더스트리*Goodwill industries*'라고 지었어. '선한 사업'이라는 뜻이지. 빈민가 사람들은 그 가게를 진심으로 환영했고, 일자리가 생긴 걸 기뻐했어. 그러고는 떳떳하게 돈을 벌었지. 굿윌에서 판매하는 질 좋은 중고품은 날개 돋친 듯 팔려 나갔어. 그 소문이 널리 퍼지자, 새로운 기증품들이 쏟아져 들어오기 시작했어. 굿윌이 가난한 사람들과 이민자를 위한 희망의 일터로 자리 잡게 된 거야!"

음료수 한 모금을 들이키며 형이 말을 이어갔다.

"작은 중고품 가게로 시작한 굿윌은 오늘날 세계 최대의 비영리 사회복지 회사가 되었어. 전 세계 180여 개의 도시에 지부가 있고, 한해 예산이 20억 달러가 넘지. 지금까지 굿윌에서 일자리를 얻은 사람이 5백만 명에 달한다고 해. 작은 시작이 이렇게 큰 열매를 맺은 거야!"

나는 잠시 속으로 숫자를 가만히 헤아려 보았다. 20억 달러가 우리 돈으로 2조 원이 넘는다는 걸 깨달은 순간, 나는 침을 꿀꺽 삼켰다.

"그게 다 헌 물건을 팔아서 생긴 돈이란 말이에요?"

"응. 굿윌은 그 돈으로 사람들을 훈련시킨 뒤 사회에 지속적으로 내보내는 프로그램을 운영하고 있어. 그 프로그램 덕분에 빈민 가정의 사람들뿐 아니라 장애를 가진 사람들까지 직업을 찾을 수 있었지. 일자리를 원하는 사람들에게 굿윌의 문은 언제나 크게 열려 있거든."

형의 이야기를 들으며, 얼마 전에 TV에서 본 '아름다운 가게'가 떠올랐다. 기증받은 중고 용품을 판매해 번 돈으로 어려운 이웃을 돕는다고 했다. 그런 좋은 단체가 자꾸자꾸 생기면 세상이 점점 더 멋져질 거라는 생각이 들었다. 나는 슬그머니 물었다.

"거기에 물건을 보내려면 어떻게 해요?"

"굿윌 코리아 홈페이지에 보내는 방법이 나와 있어. 한 번 해 봐. 생각보다 쉬워."

형이 홈페이지 주소를 알려 주려고 낡은 수첩을 뒤적이는 순간, 페이지 사이에서 무언가 팔락 하고 떨어졌다. 집어

들고 보니 낡은 흑백 사진이었다. 그런데 그 사진 속 주인공이 낯이 익었다.

'아, 맞다. 마더 테레사!'

사진 뒤쪽에 누군가 손으로 직접 쓴 글이 있었다. 나는 그걸 천천히 읽어 보았다.

"1910년 유고슬라비아에서 출생.

1928년 아일랜드 로렌토 수녀원에 입회.

1930년, 인도 캘커타의 빈민가에 파견됨.

1950년, 사랑의 선교 수녀회 세움.

1963년, 사랑의 선교 수사회 세움.

1965년, 사랑의 선교 수사회가 교황 직속 조직이 됨.

1979년, 노벨 평화상을 수상함.

1995년, 워싱턴 입양 센터 테레사의 집 세움.

1997년, 세계의 애도 속에 눈을 감음."

그리고 제일 마지막 줄에 이런 말이 쓰여 있었다.

"테레사 효과"

"테레사 효과? 이게 무슨 말이지?"

내 말에 형이 고개를 들었다.

"테레사 수녀님같이 남을 위해 헌신한 사람들에 대한 이야기를 듣거나 보기만 해도 사람들의 몸속에 바이러스와 싸우는 면역 물질이 증가한다는 말이야. 그런데 그 말을 알고 있다니 대단한데?"

형이 내 손에 들려있는 사진을 보더니 고개를 끄덕였다.

"아, 그 사진에 쓰여 있는 걸 본 거구나. 테레사 효과를 슈바이처 효과라고도 하는데, 그것에 대해 알아낸 사람은 하버드 대학의 매켈란 박사와 허시넷 박사였어. 두 사람은 학생들의 침에서 면역 물질의 양을 조사하는 실험을 했지. 그런데 테레사 수녀님의 일대기를 그린 영상물을 보여 주기 전과 후의 결과를 측정했더니, 그 물질의 양이 영상물을 보여준 후에 50퍼센트나 증가했대. 신기하지?"

그러고는 빙그레 웃으며 나에게 물었다.

"혹시 장수의 비결이 무엇인지 아니?"

"장수의 비결이요? 오래 사는 것 말이에요?"

"응. 나이 든 뒤에도 오래오래 건강을 유지하면서 사는 것 말이야."

그 말에, 나는 잠시 생각한 뒤 대답했다.

"좋은 거 먹고, 열심히 운동하고, 마음 편하게 살면 되지 않을까요?"

그러자 형이 내 머리를 쓰다듬어 주었다.

"제법인걸. 생각보다 어른스러운 대답을 하는구나. 거기에 한 가지 더할 게 있는데, 바로 나누고 베푸는 거야."

"나누고 베푸는 거요?"

"응. 미시간 대학의 심리학 교수인 스테파니 브라운 박사가 장수한 부부들을 5년 동안 4백 쌍 이상 조사했는데, 열이면 일곱이 아무 대가 없이 나누고 베푸는 삶을 살았다는 거야. 그래서 결론을 내렸지. 남과 나누며 사는 사람은 그렇지 않은 사람보다 오래 살 확률이 두 배나 높다고 말이야. 또 다른 연구도 있어."

"어떤 건데요?"

"자원봉사자들에 관한 연구야. 미국 트쿰스 시에서 10년 동안 2천 7백 명의 건강 상태를 조사했는데, 정기적으로 봉사 활동을 하는 사람들이 그렇지 않은 사람보다 사망률이 훨씬 낮았다고 해."

"그렇구나. 그리고 보니 일석이조네요. 남들보다 대단한 일을 하면서 건강까지 챙길 수 있다니 말이에요."

"대단한 일이라고?"

"사실 봉사 활동이 쉬운 일은 아니잖아요. 좀 부담스럽기도 하고요. 가끔 TV에 힘들고 어려운 사람들이 나오면 은근히 이런 생각이 들어요. '저 많은 사람들을 언제 다 도울까?'하고요."

"맞아, 나도 예전엔 그랬어. 만약 이 말을 만나지 못했다면, 지금도 그랬을 거야."

형은 나한테서 테레사 수녀님의 사진을 받아 든 뒤 수첩을 펼쳐서 뒤쪽 어딘가에 꽂았다. 그러고는 그 페이지를 펼쳐서 나에게 건네주었다.

"읽어 봐. 내가 참 좋아하는 글이야."

난 세상 사람 모두를 구하려고 애쓰지 않았습니다.

그냥 한 사람만 바라보았지요.

나는 한 번에 한 사람만 사랑할 수 있었고,

한 번에 한 사람만 껴안았습니다.

한 사람, 한 사람, 그리고 또 한 사람……

난 늘 그렇게 시작하고, 오직 한 사람만 붙잡습니다.

만약 그 사람을 붙잡지 않았다면,

4만 2천 명을 붙잡지 못했을 겁니다.

모든 노력은 바다에 떨구는 한 방울의 물과 같지요.

내가 만약 한 방울을 떨구지 않는다면,

바다는 그 한 방울만큼 줄어들 것입니다.

당신에게도, 당신 가족에게도,

당신이 있는 곳 어디에서도 마찬가지입니다.

단지 시작하는 것이지요.

한 번에 한 사람씩, 한 번에 한 가지씩.

- 마더 테레사

나눔의 천재가 되자

마음속에서 커다란 풍선이 부풀어 오르듯, 뿌듯한 기분이 내 주위를 감쌌다. 내가 고개를 드니 형이 부드러운 표정을 지어 보였다.

"나누는 삶은 우리가 생각지도 못했던 결과를 낳곤 해. 그걸 '나눔의 비밀'이라고 하지. 나눌수록 늘어나는 신비한 일이 일어나거든. 혹시 록펠러의 이야기를 알고 있니?"

"유명한 자선가 말이에요?"

"맞아. 그는 평생 동안 5억 5천만 달러나 되는 돈을 남을 위해 썼어. 록펠러 자신뿐 아니라, 딸과 아들도 나누는 삶을 살았지. 그런데 그 일은 아주 우연히 시작되었어."

"어떻게요?"

"록펠러는 석유 사업을 했는데, 30대 초반에 이미 세상에서 알아주는 갑부였어. 매일 쏟아져 들어오는 돈을 제대로 헤아리기 힘들 정도였지. 하지만 그는 행복하지 않았어."

"왜요?"

나는 놀랐다. 그런 부자가 왜 행복하지 않았는지 도무지
이해할 수가 없었기 때문이다.

"이유 없이 자꾸 몸이 아팠거든. 그러고는 쉰 살이 넘었을
무렵, 앞으로 1년 밖에 살지 못한다는 선고를 받았지. 거
금을 들여 고용한 최고의 의사들이 내린 결론이라, 더 이
상은 아무런 방법이 없었어."

"아, 그랬구나……."

나는 고개를 끄덕였다.

"록펠러의 이야기는 세상에 알려졌고, 신문들은 앞다투어
그 소식을 실었어. 하지만 그를 걱정하거나 위로하는 글
은 단 한 줄도 없었어. '세계 최고의 부자가 죽으면, 과연
그 돈은 누가 갖게 될 것인가?' 사람들은 오직 그것만 궁
금해 했어. 사실 록펠러는 돈을 모으기만 했지, 제대로 쓴
적이 없었거든. 어쩌면 그건 당연한 결과였지."

형은 싱긋 웃으며 이야기를 이어갔다.

"1년이 거의 지나갈 무렵, 록펠러가 우연히 한 소녀를 돕
게 되었어. 돈이 없어서 입원을 못한다는 말에, 비서를 시
켜 몰래 병원비를 지불했거든. 그러고는 기적이 일어났

지. 록펠러의 병이 씻은 듯이 나은 거야! 그는 퇴원한 뒤
당장 재단을 만들었고, 아흔여덟 살로 세상을 떠날 때까
지 남을 돕는 일에 돈을 아끼지 않았어."

"그럼 나중에는 돈이 거의 남지 않았겠네요?"

아까 형이 이야기했던 5억 5천만 달러라는 액수를 떠올리
며 내가 말했다.

"아니야, 록펠러의 재산은 더 많이 늘어났어."

"네? 정말이에요?"

"그게 바로 '나눔의 비밀'이지. 이걸 한 번 볼래? 록펠러가
아들에게 남긴 글이야."

형은 수첩의 거의 마지막 부분을 펼쳐서 보여 주었다. 거
기엔 이런 말이 쓰어 있었다.

"그건 아주 오래 전의 일이다.

남들에게 내 돈을 나눠 준 뒤 나는 신기한 선물을 받았다.

바로 재산이 점점 더 늘어나는 선물을 말이다."

내가 그걸 보고 나자 형이 말했다.

"그 비밀을 깨달았던 사람은 록펠러 이전에도 있었어. 철강 사업으로 벌어들인 엄청난 돈으로 전 세계에 3천 개의 도서관을 선물한 카네기가 대표적인 인물이었지. 그런 나눔의 천재들은 앞으로도 계속 생겨날 거야. 그리고 언젠간 너도 그런 사람이 될 수 있을 거야."

형의 눈 속에서 별빛 같은 게 반짝이는 걸 나는 볼 수 있었다. 그 말은 나한테 하는 것 같기도 했지만, 어쩌면 형 자신에게 하는 다짐일지도 모른다는 생각이 들었다. 더불어 이별의 시간이 가까워졌다는 것도 느꼈다.

"이제 마지막 이야기만 하면, 너와의 수업도 끝이구나."

형의 말에, 나는 담담하게 고개를 끄덕였다.

❄

"너와 함께한 시간들이 즐거웠어."

형이 이렇게 이야기하자, 그동안의 시간이 주마등처럼 스쳐갔다. 얼떨결에 첫 수업을 했던 때가 엊그제 같은데, 벌써 마지막 시간이 된 것이다.

"저도요……."

뭔가 더 멋진 말을 하고 싶은데, 그냥 이 말밖에 나오지 않았다.

"앞으로 작든 크든 즐거운 일이 많이 생길 거야. 그럴 때마다 스스로를 많이 칭찬해 주도록 해."

"칭찬이요?"

"응, 칭찬은 자신의 삶에서 주인공이 되는 가장 멋진 방법이야. 스스로를 잘 칭찬하는 사람은 다른 사람한테도 기꺼이 칭찬의 말을 건넬 수 있어. 꼭 돈이 아니더라도 남들과 나눌 수 있는 건 많아. 칭찬도 그런 것 가운데 하나지."

고개를 끄덕이다가, 문득 궁금한 생각이 들었다.

"삶의 주인공이 된다고요?"

"있는 그대로의 내가 참 소중하단 걸 알아차리는 거야. 나를 굳이 바꾸지 않아도 할 수 있는 일은 무궁무진해. 중요한 결정을 내려야 할 때 그 깨달음은 큰 힘이 되지."

형은 미소를 지으며 말을 이어갔다.

"내가 처음 유학을 고민할 때 주위 분들이 많은 도움을 주셨어. 부모님은 물론이고, 선생님들도 여러 가지 정보를 주셨지. 하지만 마지막 결정은 내 몫이었어."

나는 아무 말도 하지 않고 형의 다음 이야기를 기다렸다.

"선택의 순간이 다가올수록 나는 두려워졌어. 행여나 잘 못된 판단을 내릴까봐 말이야. 그러다 어느 순간 깨달았 어. 혹시 실패하더라도 행복할 거라는 걸 말이야!"

형은 어느새 내가 좋아하는 빛나는 표정을 짓고 있었다. 나는 가만히 귀를 기울였다.

"스스로의 판단에 책임을 지는 건 무척 힘든 일이야. 하지 만 그만큼 기쁨도 크지. 그러면서 한 걸음 한 걸음씩 나아 가는 거거든."

그러면서 형은 내 눈을 보았다.

"그동안 함께 수업을 하면서, 너에게 가르쳐 준 것보다 내 가 얻은 게 더 많았어. 내가 아는 걸 나누면서 기쁨이 점 점 더 커지는 걸 느꼈거든."

이제 마지막 인사를 건넬 때가 되었다는 걸 난 알 수 있었 다. '이런 예감은 틀려도 좋을 텐데'라고 생각하면서 나는 바닥에 두었던 가방을 열었다.

"저, 이거……."

"응?"

형은 동그랗게 눈을 뜨며 내가 내민 것을 받았다. 조금 부끄러워하며 내가 말했다.

"수첩이에요. 수업하면서 보니까 형이 갖고 다니는 수첩이 너무 낡은 것 같아서……."

형은 조금 감동한 얼굴이었다. 포장지를 뜯더니, 조심스럽게 내용물을 꺼냈다. 그러고는 겉과 속을 이리저리 살펴보았다.

"마음에 쏙 든다. 나한테 정말 필요한 거야!"

형이 진심으로 기뻐하는 것 같아 난 이내 마음이 놓였다. 신경을 많이 써서 고른 선물이기 때문이었다.

"어쩌지? 난 아무것도 준비하지 못했는데……."

미안해하는 목소리로 형이 말했다.

"괜찮아요. 형이 내 선물을 좋아해 주니까 나도 무척 기쁜걸요."

그게 바로 나눔이란 걸 어렴풋이 깨달으면서 나는 활짝 웃었다.

"이게 마지막 숙제야."

형이 내미는 종이를 받아 들고 나는 천천히 계단을 내려왔다. 형도 내 뒤를 따라 아래층으로 왔다. 그러고는 대문 앞까지 나와서 배웅을 해 주었다.

"조심해서 가. 또 보자."

"미국엔 언제 가세요?"

"모레 아침에."

"그렇게 빨리요?"

"응. 이제 곧 새 학기가 시작될 참이라, 이것저것 준비할 게 많거든."

"네……."

꾸벅 인사를 건넨 뒤 나는 얼른 뛰어갔다. 집 앞에서 뒤를 돌아보니, 형이 계속 손을 흔들고 있었다. 나는 형을 향해 소리쳤다.

"형, 이 숙제 다 해서 내일까지 꼭 가지고 갈게요!"

그러고는 형을 향해 힘껏 손을 흔들었다.

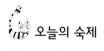 **오늘의 숙제**

며칠 동안 밤늦게까지 불이 켜져 있는 네 방을 봤어. 얼마나 청소를 열심히 하는지 직접 보지 않아도 훤히 알 수 있겠더라고. 정말 대단하다!

내 인생의 주인공이 된다는 건 힘들지만 멋진 일이야. 스스로를 소중하게 여기는 사람은 다른 사람도 소중하게 여길 수 있는 법이거든!

거울을 보고 자신의 얼굴을 그려 봐.

환하게 웃는 표정도 좋고, 그냥 무표정한 얼굴도 좋아. 하나하나 그려가다 보면, 생각지도 못했던 면을 발견하게 될 거야. 마음에 드는 부분도 있고 그렇지 않은 부분도 있겠지.

그림을 다 그리고 나면, 제일 아래쪽에 이렇게 쓰는 거야.

"네가 어떤 모습이든, 난 네가 참 좋아!"라고 말이야!

형이 전해 준 낡은 수첩 이야기

"이 수첩 속의 이야기들이 누군가를 단번에
바꿔 주진 않지만, 그 이야기를 일단 듣게 된 사람은
더 이상 예전의 자신이 아니야."

형이 전해 준 낡은 수첩 이야기

나는 커다란 과자 상자를 한 손에 들고 쑥스러운 기분으로 초인종을 눌렀다.

"누구세요?"

아주머니의 상냥한 목소리가 인터폰을 타고 흘러나왔다.

나는 얼른 대답했다.

"안녕하세요, 엄마 심부름 왔어요."

"그래, 어서 들어오너라."

대문을 열고 들어가니, 예전에 처음 찾아갔던 날처럼 아주머니가 현관 앞까지 나와서 나를 맞아주셨다. 상자만 건네고 얼른 돌아갈 생각이었는데, 아주머니가 미소 띤 얼굴로 말씀하셨다.

"잠깐 들어왔다 가지 그러니? 좀 전에 시장에서 과일을 사다 놨는데 아주 싱싱하단다. 좀 먹고 가렴."

나는 아주머니를 따라 주섬주섬 안으로 들어갔다. 6개월 전, 형이랑 마지막 수업을 한 뒤 처음 들어와 보는 거실이었지만, 장식장에 놓인 마이클 조던 사진이랑 햇빛이 잘 드는 포근한 분위기는 똑같았다.

조금 기다리니, 아주머니가 여러 가지 과일을 쟁반 가득 담아서 내 앞 탁자에 내려놓으셨다.

"형 만나러 우리 집에 자주 왔던 게 벌써 반 년 전이지? 시간이 제법 흘렀구나. 그동안 길에서 간간이 볼 때마다 키가 쑥 컸다 싶었는데, 이렇게 가까이서 보니 정말 의젓해졌구나."

갑작스러운 칭찬에 얼굴을 붉히다가, 곁에 놓아 둔 과자 상자가 생각났다. 나는 얼른 상자를 아주머니께 드렸다.

"이거 저희 엄마가 가져다 드리래요. 아주머니께 감사하다는 말씀 꼭 전해 달라고 하셨어요."

"어머나, 아주 맛있는 쿠키로구나. 우리 집 양반이 참 좋아하는 건데…… . 잘 먹을게. 고맙구나."

귤을 까서 나에게 건네주시며 아주머니가 말씀하셨다.

"참, 어머니께 말씀 들었단다. 성적이 많이 올랐다며?"

"네…… ."

나는 쑥스럽게 웃으며 고개를 끄덕였다. 6개월 전에 형과 함께했던 수업 이후, 나는 조금씩 공부에 재미를 붙였고 덩달아 성적도 올랐다. 이번에 본 기말고사 성적은 내가 봐도 깜짝 놀랄 정도였다.

"다 형 덕분이에요. 그때 형과 함께한 시간이 없었다면, 지금처럼 변하지 못했을 거예요."

아주머니는 흐뭇한 미소를 지으셨다.

"우리 아이가 갑자기 성적이 오른 것도 너만 할 때였어. 여름 방학 무렵이었는데, 누군가를 만나야 한다며 한동안 외출이 잦더니 그 후론 확 달라졌단다. 그 전에는 워낙 집중을 못하던 아이였는데, 책상 앞에 앉아 있는 시간이 점점 길어지더라고. 얼마나 공부를 즐겁게 하던지 나중에는 내가 다 신기해했었단다."

아주머니 말씀에 난 두 눈을 동그랗게 떴다.

"네? 형도 여름 방학 때 누군가를 만났다고요?"

"그래, 그랬단다. 그게 누군지는 잘 모르겠지만 말이다."

아주머니는 그렇게 말씀하시며 빛깔이 고운 사과 껍질을 벗기셨다. 무슨 말이라도 해야 할 것 같아서 내가 물었다.

"이번 겨울 방학 때 형은 안 오나요?"

"미국은 이곳과 달리 겨울 방학이 짧은 모양이더라고. 크리스마스가 끝나면 곧바로 학교에서 할 일이 많대. 그래서 못 온다는구나."

그러다 문득 무언가 떠오르신 모양이었다.

"아, 맞다. 며칠 전에 우리 아이와 통화를 했는데, 너한테 뭔가 전해 줄 게 있다고 했어. 다락방에 두었다고 했는데……. 올라가 볼래?"

아주머니가 커다란 배를 먹기 좋게 자르시는 동안, 나는 계단을 올라가 오랜만에 다락방 문 앞에 섰다. 안으로 들어가니, 커다란 창문과 한쪽 벽면 가득 들어찬 책들이 나를 반갑게 맞아 주었다.

나는 방 한가운데 놓인 낮은 탁자 앞에 쭈그리고 앉아 그걸 가만히 쓰다듬었다. 겨우 반년 전 일인데 어쩐지 아주 오래 전 일처럼 아련하게 느껴졌다. 침대 옆에 붙어 있는 커다란 그림과 천장에 붙어 있는 깃발을 둘러본 뒤, 나는 자리에서 일어나 책장 위로 손을 뻗었다.

"아주머니가 이 위에 있다고 하셨는데……."

까치발을 하고 팔을 뻗어 더듬으니 작은 상자가 손에 잡혔다. 얄팍하게 쌓인 먼지를 털어 낸 뒤 뚜껑을 열었더니, 생각지도 못한 물건이 나왔다. 바로 형이 수업 시간에 보여 주던 낡은 수첩이었다!

거기엔 내가 지난 여름 방학 때 형에게 배운 내용들이 하나도 빠짐없이 정리되어 있었다. 한 장 한 장 넘기면서 가만히 읽어 보다가 문득 이상한 생각이 들었다. 예전에는 미처 몰랐는데 지금 보니 거기에 적혀 있는 글씨가 형의 것이 아닌 것 같았다. 숙제를 내줄 때 항상 직접 써서 건네주었던 터라 형의 글씨를 잘 알고 있었다.

"이상하다. 이 수첩을 무척 아끼는 것 같았는데?"

마지막 페이지를 넘겼을 때, 마음속에서 따뜻하게 올라오는 것이 있었다. 내가 낑낑대며 했던 숙제들이 곱게 접힌 채 거기 들어 있었기 때문이었다!

한 장 한 장 펼쳐보며 미소를 짓고 있는데, 낯익은 글씨가 적힌 봉투 하나가 눈에 띄었다. 겉장에 내 이름이 적혀 있었다. 나는 얼른 봉투를 열어 그 안에 들어 있는 편지를 꺼내 읽기 시작했다.

 ## 수첩의 주인인 너에게

안녕, 그동안 잘 지냈니?

이 편지를 읽게 될 때쯤이면 벌써 눈치를 챘겠지? 내가 수업 시간에 보여 준 낡은 수첩 속의 글씨가 내 것이 아니라는 사실을 말이야! 내가 그 누나에게 수첩을 전해 받은 뒤로 벌써 시간이 이렇게 흘렀다니, 나도 잘 믿기지가 않아.

그 누나를 처음 만난 곳은 도서관이었어. 나도 그땐 너처럼 공부를 어떻게 해야 할지 몰라 갈팡질팡하고 있었어. 일요일마다 가방 가득 문제집과 참고서를 넣고 도서관에 갔지만, 저녁에 집에 올 땐 한숨뿐이었지. 그런데 그 누나가 나한테 말을 건 거야. 그 후로 여름 방학 동안 수업을 받았지.

여섯 번의 수업이 모두 끝난 뒤 누나가 나에게 말했어.

"아마 이제부터는 공부를 즐길 수 있게 될 거야. 여섯 달 뒤에 도서관에서 다시 만나자. 그때 너에게 해 줄 이야기가 있어."

6개월 후 몰라보게 성적이 오른 나는 도서관으로 달려가 누나를 만났단다. 누나는 자기 일처럼 기뻐하면서, 굉장히 소중하게 여기던 낡은 수첩을 나에게 전해 주었어. 그러면서 그 수첩에 얽힌 이야기를 해 주었지.

"네가 가만히 들여다보면 금방 알아채겠지만, 수첩에 쓰인 글씨는 내 것이 아니야. 난 이 수첩을 몇 년 전에 어떤 언니한테서 받았고, 그 언니는 또 어떤 오빠한테서 이 수첩을 받았어. 그리고 그 오빠는 어떤 형한테서 받았고 말이야. 이 수첩의 원래 주인이 누구인지는 나도 잘 몰라. 하지만 이거 하나만은 확실해. 수첩 속에는 삶을 밝혀 주는 내용이 가득하다는 것 말이야! 이 수첩 속의 이야기들이 누군가를 단번에 바꿔 주진 않지만, 그 이야기를 일단 듣게 된 사람은 더 이상 예전의 자신이 아니야. 차근차근 바뀌어 가는 자신의 모습을 스스로 깨닫게 되지. 그 결과가 처음 나타나는 데 보통 여섯 달이 걸려. 그래서 여섯 달이 지난 후에 이 수첩을 받게 되는 거야. 그리고 몇 년 동안 수첩을 간직하면서 건네 줄 사람을 찾게 되지. 자, 이젠 알았지? 이 수첩을 소중하게 간직한 뒤 다음 사람에게 잘 전해 주도록 해. 넌 분명 잘 할 수 있을 거야!"

누나가 수첩을 건네주고 돌아서려고 할 때, 나는 다급하게 누나를 붙잡고 물었어.

"누나, 궁금한 게 있어요. 도대체 그 사람을 어떻게 찾지요? 수첩을 전해 줄 사람 말이에요!"

그러자 누나가 빙그레 웃었어.

"조급하게 생각하지 않아도 돼. 그 사람이 네게 다가오니까 말이야. 네가 그 수첩을 틈틈이 펼쳐 보면서 그 안의 내용을 실천하다 보면, 어느새 넌 스스로도 놀랄 만큼 행복한 사람이 되어 있을 거야. 그럼 그때 발견하게 될 거야. 수첩을 건네받을 사람을 말이야!"

나는 그 누나의 말을 믿었고, 몇 년 동안 기다렸어. 그리고 버스정류장에서 너와 마주쳤지. 그날 난 오랜만에 도서관에서 그 누나를 만나고 돌아오는 길이었어. 그리고 그 다음 날 네가 어정쩡한 표정으로 내 방문 앞에 나타났을 때, 누나가 나에게 했던 말의 의미를 깨닫게 되었어. 네가 바로 그 사람이었지!

이제 이 수첩은 네 것이야.

몇 년 동안 정들었던 수첩을 건네주려니 좀 서운하긴 하지만, 이젠 정말 때가 되었다는 걸 내 스스로도 알 수 있어. 내 몸과 마음에 수첩 속의 이야기가 스며들어서 항상 나와 함께하고 있다는 게 느껴지거든.

너와 함께 수업을 하는 동안 무척 행복했어. 넌 잘 몰랐겠지만, 하루하루 달라지는 네 모습이 나한텐 다 전해졌거든. 넌 정말 훌륭한 사람이고, 나보다 더 많은 것을 다음 사람한테 전해 줄 수 있을 거야.

그 수첩을 만난 건 내 인생의 행운이었어. 그날 도서관에서 그 누나를 만난 것도 말이야.

나중에 내가 졸업하기 전에 미국에 오게 되면, 나한테 꼭 들르렴. 그때 네가 만난 아이 이야기를 들려주겠니? 어떤 사람이 행운의 주인공이 될지 나도 무척 궁금하거든.

그럼, 건강하게 잘 지내렴. 또 만나자!
참, 수첩이 들어 있던 상자 뚜껑에 봉투 하나가 붙어 있을 거야.
그걸 열어보면, 재미있는 게 있단다.

나는 낡은 수첩을 상자 속에 소중하게 넣은 뒤 뚜껑을 살펴보았다. 두툼한 봉투 하나가 안쪽에 붙어 있었다. 조심스럽게 떼서 그 안을 들여다 본 순간, 나는 감개무량해졌다. 수첩의 다음 주인으로 선택된 사람들이 아무것도 모른 채 수업을 받으며 했던 숙제들이 켜켜이 들어 있었기 때문이었다!

나는 봉투를 기울여 숙제들을 꺼냈다. 어떤 건 누렇게 빛이 바래 있었다. 그 숙제를 할 때만 해도, 다들 자신이 수첩의 주인공이 되리라고는 꿈에서도 생각하지 못했을 것이다. 6개월 전의 나처럼 말이다.

봉투와 수첩이 들어 있는 상자를 가지고 아래층으로 내려온 나는 아주머니가 건네주신 배를 다 먹은 뒤 인사를 하고 그 집을 나섰다. 아주머니는 언제나 그랬듯 환히 웃으며 현관까지 배웅을 해 주셨다.

우리 집 초인종을 누르니 엄마의 목소리가 들렸다.

"누구세요?"

"저예요."

"그래, 왔구나. 그런데 왜 이렇게 시간이 오래 걸렸니? 과자는 잘 전해 드렸니? 감사하다는 말씀은 드렸고? 참, 그 형은 이번 겨울엔 한국에 안 온대니?"

대문을 열어 주는 것도 잊은 채 엄마가 호들갑을 떠는데도 왠지 짜증이 나지 않았다. 나는 시원스럽게 대답했다.

"네, 잘 전해 드렸어요!"

현관을 향해 걸어가면서, 나는 하버드에서 공부하는 형을 떠올렸다. 그리고 언젠가 나에게서 수첩을 건네받을 누군가를 생각했다.

갑자기 내가 참 행복한 사람이 된 것 같았다.

행복한 마음으로 몰입하는 법

첫째, 자신의 마음에 말을 걸어 본다

공부가 지겨워서 책상 앞에 앉기 싫은지, 하고는 싶은데 집중이 안 되는지, 어디서부터 손을 대야 할지 통 모르겠는지, 막연하게 불안한데 부모님의 잔소리는 듣기 싫은지 등 마음이 하는 이야기에 가만히 귀를 기울여 본다.

둘째, 말을 들었으면 그 마음을 어루만져 준다

'그래, 많이 힘들었구나. 맞아, 나라도 그랬을 거야. 이해해' 이렇게 마음을 어루만지고 다독거려 준다. 그러면 저절로 마음이 열리면서 무언가 새로운 것을 받아들이려는 의욕이 생긴다.

이때, '아니야, 그래도 무조건 해야 해!'라며 마음이 하는 말을 무시하면 아무 도움이 되지 않는다. 마음이 후다닥 닫혀 버리기 때문이다.

셋째, 커다란 종이를 꺼내 놓고 원하는 걸 적는다

자신이 바라는 걸 종이 위에 솔직하게 적어 본다. 이때, 좀 더 큰 목표를 적는 게 훨씬 도움이 된다. 자신의 꿈이나 장래 희망, 가고 싶은 대학이나 되고 싶은 인물 같은 것 말이다.

그리고 '나는 과학자가 되고 싶다'라는 글도 좋지만, 이왕이면 '나는 기쁨과 슬픔을 느끼는 멋진 로봇을 만드는 한국 최고의 공학 박사이다'라고 구체적이며 이미 실현된 것처럼 꿈을 쓰는 게 좋다. 그림을 그리거나, 사진을 함께 붙여 놓으면 더 효과적이다.

넷째, 잘 보이는 곳에 그 종이를 붙인다

우리의 뇌는 눈앞에 자주 보이는 것을 이루려는 습성이 있다. 책상 앞에 앉았을 때 가장 눈에 잘 띄는 곳에 그 종이를 붙여 놓으면, 일부러 애쓰지 않아도 그 속의 글과 그림을 자주 쳐다보게 된다. 그것이 꿈을 이루는 마법의 열쇠가 되어 줄 것이다.

다섯째, 마중물을 붓는다

몰입은 행복한 공부를 위한 최선의 방법이다. 하지만 그 상태에 이를 때까지 얼마간은 힘든 시간을 견뎌내야 하는데, 이것을 '마중물을 붓는다'라고 표현한다. 펌프에서 물을 퍼 올리기 위해 적은 양의 물을 부어 놓는 것처럼, 자신이 붙여 놓은 종이를 보며 마음과 나눈 이야기를 떠올려 보도록 하라. 얼마 뒤 신기하게도 마음이 차분해지기 시작할 것이다.

여섯째, 몰입을 즐긴다

자신의 감정을 인정함으로써 마음의 문을 열고 목표를 보며 나아갈 바를 그리면, 책상 위에 놓인 책도 그리 밉지 않게 된다. 가만히 펼쳐서 어느새 스르르 빠져들어 보라. 그 속에서 헤엄치는 자신의 모습이 느껴질 것이다. 몰입의 순간은 무척 행복하다. 그 다음에 무엇을 해야 할까 굳이 계획하지 않아도, 참고할 책이 저절로 떠오르고 문제가 술술 풀려 나간다.

기억할 건, 그것이 그리 자주 일어나는 현상이 아니라는 것이다. '아, 이 상태가 정말 좋은데 언제 또 이런 걸 느낄 수 있을까?'라고 걱정하는 대신, 몰입에 이른 자신을 대견해하며 맘껏 즐기도록 하라. 그러면 더 자주 몰입이 찾아오게 된다.

일곱째, 자신을 칭찬하라

몰입에서 깨어나고 나면, 자신을 맘껏 칭찬해 주도록 한다. "와, 대단하다. 이렇게 멋진 경험을 하다니, 난 정말 대단해." 혹시 몰입에 이르지 못했더라도 자신을 칭찬할 말은 얼마든지 있다. "내가 책상 앞에 30분이나 앉아 있었잖아? 이러다 어느새 책 한 권을 다 보는 거 아니야? 오, 대단한 걸!"

처음엔 우스꽝스럽게 느껴질지도 모른다. 스스로를 칭찬하는 게 말이다. 하지만 스스로를 소중하게 여기지 못하는 사람은 다른 사람에게도 존중받지 못한다는 걸 잊지 말자.

여덟째, 말의 힘을 믿어라

일본 최고의 기업가 마쓰시다 고노스케는 교통사고로 다리가 부러진 상황에서도 이런 말을 했다고 한다. "교통사고를 당하고도 살아 있다니, 난 참 운이 좋습니다!"

좋은 말은 좋은 힘을 발휘한다. 힘이 들 때면 습관적으로 이런 말을 중얼거려 보라. "그래, 참 감사한 일이야." "어쨌든 나는 운이 좋아." "그래도 어려운 문제를 두 개나 맞혔잖아?"라고 말이다. 처음엔 어색하겠지만, 결국엔 기분이 좋아질 것이다.

아홉째, 주변을 정리하라

풀다 만 문제집, 몇 년은 지난 참고서, 사방에서 사들인 공책, 이제는 쓰지 않는 필기구들. 방을 어지럽히는 요소들은 이것 말고도 얼마든지 있다. 진정으로 행복한 몰입을 하고 싶다면, 일단 방 정리부터 시작하라.

사람은 평생 1만 가지의 물건을 주변에 쌓아 놓고 지내는데, 그 가운데 실제로 사용하는 물건은 얼마 안 된다고 한

다. 꼭 필요한 것만 남기고, 나머지는 모두 없애도록 해
라. 버릴 수도 있고, 기부할 수도 있다. 방이 훤해지면 자
신의 마음까지 맑아질 것이다.

열째, 세상을 향해 마음을 열어라

공부가 혼자만의 것이라고 여기는 사람은 평생 그 울타리
에서 벗어나지 못한다. 누구든 남을 도울 때 더 큰 에너지
를 내는 법이다. 록펠러도 거금을 기부한 뒤 그전보다 재
산이 더 많이 늘어나는 경험을 했다.

자신의 공부가 선한 일에 쓰이는 상상을 하라. 공부로 인
해 받는 스트레스가 절반으로 줄어들 것이다.

행복하게 공부하는 법을 알게 된 사람들

공부를 해야 하는 학생, 자식을 가진 부모, 학생을 가르치는 교사라면
공부가 재미있고 행복한 세상을 꿈꾼 적이 있을 것입니다.
여기에 실린 사례는 실제로 조우석 군의 가르침을 받았거나
이 책을 읽고 행복하게 공부하는 법을 깨달은 사람들의 이야기입니다.

김하은(영남중3, 서울시 영등포구)

2년 전, 초등학교에서 중학교로 올라오면서 나는 막연한 불안함과 이유를 알 수 없는 짜증으로 혼란스러운 하루하루를 보내고 있었다. 짜증이 늘어갈수록 가족들과의 사이도 나빠졌고, 모든 일이 내가 의도한 것과 반대로 이루어졌다. 마치 누가 나를 갖고 장난치는 것만 같았다. 이런 나를 옆에서 지켜보던 엄마가 목사님을 통해 알게 된 '좋은 학교'를 추천했고, 그곳에서 조우석 선생님과 만나게 되었다.

선생님께는 실례가 되는 말일지도 모르겠지만 처음 조우석 선생님을 만났을 때 선생님이란 인상보다 오가며 마주

치는 동네아저씨 같다는 느낌을 강하게 받았다. 지금 생각해 보면 오히려 그런 친근한 인상 덕분에 마음 놓고 변화할 수 있었던 것인지도 모르겠다.

수업 방식은 특이했다. 그동안 학교 수업 방식에 익숙해 있던 나에게 프로젝트 토론 수업은 낯설게 느껴졌고, 교과 내용이 아닌 '행운을 불러오는 법', '용서하는 법', '자신을 사랑하는 법' 등 수업 주제 또한 생소하게 느껴졌다.

하지만 한 주, 두 주 시간이 흐르면서 나는 이 수업의 의미를 자연스럽게 깨닫게 되었다. 내 마음속에 꽁꽁 뭉쳐 있던 상처 덩어리가 이 수업을 통해 조금씩 풀어지고 있다는 것을 말이다. 특히 잔소리하는 부모님, 사회에 대한 막연한 불신, 심지어 답답한 내 자신에게조차 가차 없이 상처를 받아 왔던 나는 이 수업을 통해 비로소 용서를 할 수 있게 됐다. 돌이켜 보면, 이 '용서'는 남을 위한 것이 아니라 나를 위한 용서였다는 생각이 든다. 이 용서를 통해 나는 내 자신을 제대로 껴안아 줄 수 있게 됐으니까.

'좋은 학교'에 오기 전의 나는 아주 내성적인 아이였다. 감정을 제대로 표현할 줄 모르고 마음속에 꾹꾹 눌러 담아 두었기 때문에 늘 숨이 막혔다. '좋은 학교'에서 같이 수업을 받은 친구들에게 들은 얘기지만 처음에 나는 '어둡고, 짜증나 보이고, 늘 화난 것 같은' 표정을 짓고 있었다고 한다. 하지만 내 자신이 굉장히 소중하고, 무한한 가능성이 있는 존재라는 것을 깨닫게 된 지금 학교 친구들은 나보고 '긍정적이고 밝아서 부럽다'고 한다. 사실, 나도 이러한 변화가 놀랍고 신기하기만 하다. 마치 긍정의 씨앗이 내 마음속에서 쑥쑥 자라 한 그루의 나무가 되기라도 한 것처럼 내 자신이 사랑스럽고 행복하다.

성격의 변화뿐 아니라 성적의 변화도 생겼다. 이 점은 아무리 생각해도 신기하다. '좋은 학교'에서 수업을 받은 1년 동안 전교 10등 밖으로 성적이 떨어진 적이 없다. '좋은 학교'에서 교과서 내용을 공부한 것도 아니었는데 말이다. 오히려 '좋은 학교'를 그만두고 학원을 다니며 공부하는 지금은 전교 10등에서 20등 사이를 오락가락한다. 하지만 성적 때문에 불안하거나 힘들지는 않다. 꿈을 잃지 않는 한 나는 행복하게 공부할 수 있고 그렇게 행복하게 공부하다보면 성적도 다시 오를 것이라는 믿음이 있기 때문이다.

나는 10대가 이 세상을 살아가면서 가장 상처받기 쉬운 나이라고 생각한다. 표현하는 법, 나를 아껴 주는 법, 행복해지는 법을 우리 10대는 잘 모른다. 이런 방법을 배우지 못한 우리는 모든 것이 서툴고 낯설다. 그래서 겁이 난다. 하지만 나는 조우석 선생님을 만나 꿈을 갖게 됐고 용기와 믿음이 생겼다. 내가 그러했듯이 조우석 선생님의 가르침이 담긴 이 책을 읽고 모든 10대 청소년들이 용기를 얻었으면 좋겠다. 그리고 행복했으면 좋겠다.

오영일(서울시 동작구, 오지원 군 아버지)

어느 날, 학원이 끝나고 밤 10시쯤이면 늘 귀가하던 아들이 밤 12시가 다 되어도 집에 들어오지 않았다. 아무리 아들 녀석이라고 해도 자식 걱정하는 부모의 마음은 한결같아서 '무슨 일이 생긴 것은 아닐까' 걱정하고 있는 찰나,

그림자가 잔뜩 드리워진 표정으로 아들이 집에 들어섰다. 분명 안 좋은 일이 있었던 게 분명했다. '아들을 위로해 줘야겠다'는 마음이 앞섰지만 '연락도 없이 이렇게 늦게 오면 어떻게 하느냐'라는 꾸중 섞인 말이 나도 모르게 튀어나왔다.

그러자 아들 녀석은 "아버지가 걱정하는 건 내가 아니라 내 성적이면서 뭘 그래요!"라고 소리를 '꽥' 지르더니 방문을 '쾅' 닫고 들어가 버리는 것이 아닌가. 얼떨떨한 표정으로 닫힌 아들 방문을 한참 동안 바라봤던 기억이 난다.

처음에는 걱정하는 내 마음도 몰라주는 아들 녀석이 야속하게만 느껴졌지만, 곰곰이 생각해 보니 나도 아들의 마음을 잘 몰라줬던 것 같았다. 그리고 잘 되길 바라는 마음으로 했던 나의 조언을 그동안 아들은 잔소리로 느꼈을 것이라고 생각하니 앞이 캄캄해졌다. 이제부터 아들에게 어떻게 이야기를 해야 잔소리로 느껴지지 않으면서 내 마음을 전할 수 있단 말인가.

마땅한 해결 방법 없이 고민만 하고 있을 때 아이 엄마가 친구로부터 이 책을 받아 왔다. '이 책을 읽으면 행복하게 공부할 수 있다더라'라는 아이 엄마의 말을 듣고 처음에는 의구심이 들었다. 솔직히 아들에게 성적의 중요성을 강조하면서도 공부가 재미없고 힘들다는 것은 나도 경험을 해 봐서 잘 알고 있었다. 그런데 행복하게 공부할 수 있다니. 아무리 생각해 봐도 공부와 행복의 연결고리를 찾기 힘들었다. 하지만 이 책을 읽은 지금은 '행복하게 공부한다'는 의미가 무엇인지 알 것 같다.

나는 우리 아들이 어떤 불행과 고난도 겪지 않고 행복하게 살 수 있기를 진심으로 바라지만, 어떻게 해야 행복하게 살 수 있는지 진지하게 고민해 보지 못했다. 그냥 막연하게 성적이 좋아야 하고 좋은 대학, 좋은 직장을 들어가면 행복할 것이라고 생각했다. 그래서 지금 당장은 공부가 하기 싫어도 참고 하다보면 나중에는 왜 내가 그렇게 공부하라고 했는지 깨달을 수 있을 것이라고 아들에게 늘 말해 왔다. 하지만 이 책을 통해 그동안 내가 얼마나 잘못된 판단을 하고 있었는지 알게 됐다. 나의 잘못된 판단으로 아들이 힘들게 공부하고 있었을 것을 생각하니 너무 미안한 마음이 든다.

나는 오늘 이 책을 아들의 책상 위에 아무 말 없이 올려놓았다. 굳이 아무 말 하지 않아도 이 책을 읽으면, 내가 하고 싶은 말이 무엇인지 아들은 알아줄 것 같다. 한 가지 바라는 게 있다면, 이 책을 다 읽고 우리 아들이 자신의 꿈에 대해 이야기해 줬으면 좋겠다. 그 꿈이 바로 우리 아들에게 행복한 인생길의 첫걸음이 될 테니까. 그 이야기를 들으면 정말 더할 나위 없이 기쁘겠다.

이혜영(중앙중학교 국어교사)

학생들에게 몇 가지 질문을 던졌다.

"공부가 행복하다고 생각하는 사람?"

모두들 한마디씩 한다. 어떻게 '공부'와 '행복하다'가 어울리겠냐는 표정과 불평들이다.

"그럼, 행복하게 공부하고 싶은 사람?"

모두 다 손을 든다.

오늘도 오자마자 엎드려 자는 아이들과 오만상을 찌푸리고 책을 꺼내는 아이들, 교실 문을 열자마자 욕으로 시작하는 아이들 틈바구니에서 행복하게 공부하는 얼굴을 찾기란 쉽지 않다.

우리 아이들은 누구보다도 간절하게 원한다. 어차피 할 공부면 즐겁고 행복하게 하고 싶다고 말이다. 하지만, 모두 '공부해라'라는 소리만 해대지 도대체 어떻게 하는 것이 행복한 공부인지는 아무도 가르쳐 주지 않는다. 우리는 종종 몰라서 못하는 경우가 알고도 안 하는 경우보다 많다는 사실을 잊는다.

학교 현장에 있다 보면 우리 아이들을 가장 괴롭히는 증상이 바로 '학습된 무력감'이라는 것을 알 수 있다. 유치원, 초등학교 때부터 '너는 이것도 못하니?', '이 정도는 돼야 보통이야', '그럼 그렇지. 네가 이것을 할 수 있겠어?'라는 부모님, 선생님의 말에 점점 학습된 무력감은 쌓여 간다. 그리고 이것을 해결할 방법을 모르는 아이들은 '내가 그럼 그렇지'하며 무력감에 모든 것을 내던지고

만다.

'어떻게 하면 우리 아이들의 이 학습된 무력감을 없앨 수 있을까?' 20년 가까운 교사 생활 동안 고민하고 별별 해결책을 시도해 보았지만, 아이들이 스스로 해결하려고 하지 않는 이상 방법이 없다는 사실에 지치고 절망했다. 그러던 중 이 책을 읽고 '이거다'라고 환호성을 질렀다.

이 책은 즐겁고 행복하게 공부하고 싶은 학생들에게 그 방법을 가르쳐 준다. 딱딱한 원리와 이론으로 현실과 동떨어진 방향을 제시하는 것이 아니라, 그냥 따라 읽다보면 '음, 나도 할 수 있겠네. 그래, 나도 한번 해보자'라는 마음을 먹게 한다.

'나도 할 수 있겠네. 그래, 한번 해보자'가 중요하다. 이 책을 통해 우리 아이들은 행동으로 옮기고 실천하기 시작했다는 것만으로도 인생이 달라진다는 것을 깨달을 것이다. 그리고 결국 무력감의 늪에서 빠져나와 자아존중감의 세계로 나아가기 시작할 것이다.

아직 열 몇 살밖에 되지 않은 아이들이 인생을 다 산 노인들 마냥 한숨을 쉬는 것을 보면 마음이 아프다. 희망을 노래해야 할 나이에 벌써부터 체념에 짓눌려 어깨가 축 처진 아이들을 보면 마치 내가 죄인처럼 느껴지기도 한다. 이런 아이들에게 이 책은 말한다. 아직은 아니라고, 너희들에겐 꿈을 꿀 권리가 있다고. 그리고 꿈만 있으면 행복하게 공부할 수 있다고 말이다.

내일부터 나도 수업 시간에 이 책의 내용을 잘 버무려 가르쳐야겠다. 시나브로 밝아질 아이들 얼굴과 행복하게 공부할 시간들을 생각하니 벌써부터 마음이 설렌다. 부디 모든 아이들이 행복하게 공부할 그날이 빨리 왔으면 한다.

■ 지은이

조우석

연세대학교 경영학과를 졸업하고 서울대학교 경영대학원과 하버드 케네디 스쿨에서 석사 학위를 받았다. 국제 로터리 클럽 장학생으로 선발되었으며, 케네디 스쿨 재학 중 입학사정위원회 멤버로 활약하였다. 포항공대 창의IT 융합공학과 인재 선발 프로세스를 개발하고, 서울대학교 청소년 멘토링 프로그램과 국회 청소년 인성 캠프 자문위원을 역임했다. 한 사람의 가능성을 온전하게 꽃피울 수 있는 교육을 위해 매 순간 행복한 발걸음을 내딛고 있다. 저서로는 《행운의 고물 토끼》, 《행운 사용법》, 《엄마 투자가》 등이 있다.

김현정

승현, 승호, 두 아이의 엄마이며, 작가 및 출판 기획자, 편집자로 활동하고 있다. 연세대학교 아동학과를 졸업하고, 홍익대학교 산업미술대학원에서 광고디자인으로 석사 학위를 받았다. 이야기를 통해 삶을 행복하게 만드는 데 관심이 많으며, 흥미롭고 다채로운 서술로 다양한 연령대의 독자들에게 널리 사랑받는 책을 써왔다. 대표작으로는 《동방의 슬기나라》, 《백악관으로 간 맹인 소년 강영우》, 《고3인 너에게》 등이 있다.

꿈을 이루는 6일간의 수업

2017년 08월 16일 2판 1쇄
2024년 05월 17일 2판 4쇄

지은이 조우석, 김현정
펴낸이 김철종

인쇄제작 정민문화사

펴낸곳 한언
출판등록 1983년 9월 30일 제1 - 128호
주소 110 - 310 서울시 종로구 삼일대로 453(경운동) 2층
전화번호 02)701 - 6911 **팩스번호** 02)701 - 4449
전자우편 haneon@haneon.com

ISBN 978-89-5596-803-3 43370

이 도서의 국립중앙도서관 출판예정도서목록(CIP)은
서지정보유통지원시스템 홈페이지(http://seoji.nl.go.kr)와
국가자료공동목록시스템(http://www.nl.go.kr/kolisnet)에서 이용하실 수
있습니다.(CIP제어번호: CIP2017016146)

Our Mission   – 우리는 새로운 지식을 창출, 전파하여 전 인류가 이를 공유케 함으로써 인류 문화의 발전과 행복에 이바지한다.

  – 우리는 끊임없이 학습하는 조직으로서 자신과 조직의 발전을 위해 쉼 없이 노력하며, 궁극적으로는 세계적 콘텐츠 그룹을 지향한다.

  – 우리는 정신적·물질적으로 최고 수준의 복지를 실현하기 위해 노력하며, 명실공히 초일류 사원들의 집합체로서 부끄럼 없이 행동한다.

Our Vision   한언은 콘텐츠 기업의 선도적 성공 모델이 된다.

저희 한언인들은 위와 같은 사명을 항상 가슴속에 간직하고
좋은 책을 만들기 위해 최선을 다하고 있습니다.
독자 여러분의 아낌없는 충고와 격려를 부탁드립니다.

• 한언 가족 •

HanEon's Mission statement

Our Mission   – We create and broadcast new knowledge for the advancement and happiness of the whole human race.

  – We do our best to improve ourselves and the organization, with the ultimate goal of striving to be the best content group in the world.

  – We try to realize the highest quality of welfare system in both mental and physical ways and we behave in a manner that reflects our mission as proud members of HanEon Community.

Our Vision   HanEon will be the leading Success Model of the content group.